ローマに

幾つもの中心に佇んで

板屋 緑 *Ryoku ITAYA*

武蔵野美術大学出版局

目 次

システィーナ通りの修道会の宿泊施設
自室のように使用した 2 階の 8 号室
2012.3.30

はじめに

　いつの頃からか、ローマを映画の絵つき構成表のようなかたちで著すと決めていた。開いたページの文章が1カットで、前後のカットにも寄りかかっているが、カットの中で完結し、カットとカットが繋がって1つのシーンになり、そのシーンが連なって、I. の2.6kmの道程のシーケンスを形成し、II. 2.9km、III. 2.2km、IV. 4.0km、V. 6.1km、VI. 3.2km、VII. 3.4km、VIII. 2.4km の総延長 26.8km の各々のシーケンスの連なりで、都市ローマを浮かび上がらせる試みである。途中、ほとんどジャンプすることなしに数珠繋ぎのローマが可能なのは、目的の建築に向かったり、コースを目指したりする、その間の道程にも、ローマの人々の2000年以上にわたる、幸せを求めた探求行為の夥しい跡があるからだ。映画の形式を借りているのは、本書の中だけでも都市ローマを歩いてほしいという願いと、もう1つは、実際の旅でも使える、映画のようなガイドブックであってほしいからだ。いずれにせよ、対象がすぐ目に飛び込んでくるように太字で示し、ローマの前提条件や上位概念を《 》の中に、次の階層のキーワードを［ ］で囲んでいる。

　ところが、この本をガイドブックとして活用するには、3つ足りないものがある。1つは、通常のガイドブックで、それらは歴史上名高い遺構や建築、美術に触れているものであるが、本書はそうはいかなかった。主人公の登場しない映画を目指している。コロッセオもパンテオンも脇役で、ミケランジェロやベルニーニも通行人でしかない。それらは、もう1つのガイドブックで補ってほしい。次に地図であるが、ツーリング・クラブ・イタリアーノ（TCI）の1:12500のローマ地図がよい。特にその中の1:7500の市中の地図には、本書で巡るヴィーコロ（小路）までもが詳しく示されている。後は、ローマ・メトロ・バス（Roma Metro Bus）の路線図を入手してほしい。本書の数珠繋ぎの道程を一旦中断して、その近くから再開するには、ローマでは地下鉄とバスが便利である。

　ローマで、本書を携えている人を見かけたら、そっと後ろを追いかけるだろう。

ピラミデ、サン・パオロ門（ジョット大通りから）
2017.11.1 色鉛筆、グラファイト 181×281mm

I. 陶片の山から

　2017年11月1日、その日は城壁の輪郭線上に座った。いつでも、どこでも、スケッチができるように、と言うよりも、とにかく座れるようにと、えび茶の小さな、キャンバス地の椅子を持って歩いている。そこに座って、自分自身を位置づけると、対象との対話がはじまるからだ。対話からスケッチに移行することもある。その日のスケッチブックの一頁には、中央に、**サン・パオロ門** Porta S. Paolo（古名：オスティエンセ門）を配した。そこには、城壁の切断面が取りついている。前面の交通量の多い道路の拡幅によって、城壁の一部が取り除かれた跡である。その延長は、スケッチの左隅、実際は私の真横、にある。左手前側は、都市ローマの外にあった区域であるが、現代では、地下鉄B線のピラミデ駅、国鉄線のオスティエンセ駅があり、城壁沿いに新興市街地が拡がっている。一方、城壁の向こう側は、非カトリック教徒の墓地があり、ここからだと、城壁越しに笠松や糸杉が見える。

　サン・パオロ門の横に寄り添うように建っている白いピラミッドに目を移すと、そこに、城壁が無造作にぶつかっている。ピラミッド型のような記念碑的な形態は、離れて建っていて然るべきだろう。不可解で、それでいて、ローマらしい、この風景の有様は、墓や城壁、門が建造された時間差の現れである。これらの建造物の中で、最も早い時期に建てられたのは、通称**ピラミデ** PIRAMIDE と呼ばれている墓で、この白い大理石で覆われたピラミッドは、紀元前12年に亡くなった、ガイウス・ケスティウス Caio Cestio の墓として知られている。

　この紀元前1世紀末は、古代ローマにおいては特別な時期で、マルグリット・ユルスナールが『ハドリアヌス帝の回想』（1951）の構想段階で見出したフロベールの書簡集の一節、「キケロからマルクス・アウレリウスまでの間、神々はもはやなく、キリストはいまだない、ひとり人間のみが在る比類なき時期があった」に反響している。

左
ピラミデ、アウレリアヌスの城壁
（オスティエンセ広場から）
1999 春

下
ピラミデ
（サン・パオロ門の上階の展示室から）
2006.4.4

ガイウス・ケスティウスとキケロは同時代人であり、その紀元前1世紀中葉から、マルクス・アウレリウス帝（在位：161-180）の紀元2世紀中葉までの、僅か200年余り、この「ひとり人間のみ」の時期においては、神々は信仰の対象ではなく、神々を個々の人が自らの生の様式を形成するための道具とし、あるいは、自分自身をもっと豊かにしていくための1つの技術としていた。それをフロベールは、「神々はもはやなく」と表現している。また、この時期のローマ人は来世を信じず、彼らの生の舞台はあくまでも現世、つまり現実の都市、ローマであった。そのような「ひとり人間のみが在る比類なき時期」のローマ人にとって、墓が個人墓であったことは当然なことであり、この時期の墓は家族埋葬室をほとんど備えていない。

　墓の形態には決められた形式はなく、生前の職業や愛したものなど、各人の趣味にしたがって、その人生の本質を凝縮したような形で造られた。そうであるならば、ガイウス・ケスティウスは何故ピラミッドを築いたのであろう。

　彼はローマ市民であり、護民官、ついで法務官になった人物であるが、それ以上のことは分かっていない。しかし、興味深い事実がある。この墓の銘文に記されている、メッサラなる人物は、追悼記念者で、エジプトに一時滞在して、軍隊の指揮にあたっていたことが報告されている。このピラミッドは、追悼記念者の記憶の形なのだ。この時期の追悼記念者たちは、しばしば、自分たち自身も記念しようとした。あるいは、ガイウス・ケスティウスもその記憶の形を共有していたのだろうか。あるいは、当時の異国趣味、太古趣味、あるいはアウグストゥス帝（在位：前27-後14）の白い大理石の新古典趣味、の反映かもしれない。

　白い大理石の板ですっぽりと覆われている、このピラミッド型の墓の大きさは、巨石積みのエジプトのピラミッドの規模とは比較にならないが、高さ36.4m、底辺の1辺が29.5m ある。ローマ市民の個人墓としては大規模なものである。その割に、少しも重さを感じない。真白な、少し尖った、抽象的な四角錘が、軽やかに地上に着地している。

　この白い大理石の覆いの下には、石のように重い、古代ローマのコンクリートの塊が隠されているはずである。非公開であるが、墓の内部には、彩色された、4m×6m の、筒形ヴォールト（曲面天井構造）の墓室がある。この時期、死者の空間で、都市ローマの建築と併行して、コンクリート実験が繰り広げられていた。

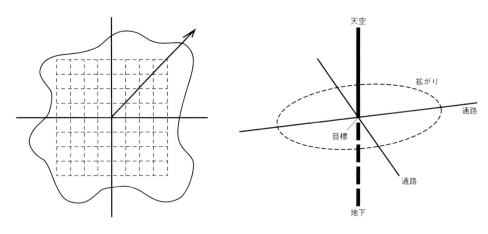

古代ローマの創建儀礼の概念図　　　　　　　　　「実存的空間」の図（シュルツの図に加筆）

　ピラミデに次いで造られたのは、**アウレリアヌスの城壁** Mura Aureliane である。アウレリアヌス帝（在位：270-275）が紀元271年には指示して、防衛上急ピッチで造らせ、皇帝の死後にそれは完成している。アウレリアヌスの城壁は、都市ローマが最も拡大した時の実際の居住範囲を、全周19kmにわたって囲い込んでおり、現在もなお、そのままローマを包んでいる。それ以前に築かれた城壁は、ポメリウムという聖なる領域の延長の**セルウィウスの城壁** Mura Serviane である。この城壁は、紀元前380年ごろ、ローマの7つの丘を取り巻く形で、全周8kmに渡って築かれた。その後、居住地の拡大に伴って、市民が共通して抱く、ポメリウムを拡げるために、城壁の一部を取り壊しはじめた。ピラミデが造られたのは、この時期に当たる。

　しかし、セルウィウスの城壁が撤廃された後も、ローマ市民は聖なる領域としてのポメリウムの範囲をイメージすることができた。それは、都市がポメリウムという囲いだけで規定されていないからだ。古代ローマの創建儀礼の概念モデル図で示しているように、古代ローマの都市は、ポメリウムという境界設定、十文字交差軸による四方位定位、そして図に表していないが、肝臓占いによる配置、の3つが儀礼の中で組み合わされて指示されていた。都市ローマにおいて、今もなお、持続している空間の仕組みは、《十文字交差軸性》である。

創建儀礼の図に矢印で示しているのは、交差軸の中心に働いている作用力で、このような垂直方向の緊張力（テンション）を、ノルベルグ゠シュルツは『実存・空間・建築』(1971) において、「大地と空を統合する、垂直的な世界の軸」と定義している。シュルツの「実存的空間」＝「場所」の概念図に、下方に向かう軸を破線で加筆すると、ジョーゼフ・リクワートが『〈まち〉のイデア』(1976) で報告した「テンプルム」の図式になる。交差軸の中心の作用力は都市から神殿までを規定し、それをシュルツが「場所」と呼んでいる。

　この十文字交差軸とその作用力によって、都市ローマがはじめて規定されたのは、パラティーノ丘の「ローマ・クァドラータ」と呼ばれている第1番目のポメリウムの領域であった。伝承も含めて、紀元前753年4月21日のこととされている。「クァドラータ」には「正方形の」という意味があり、「正方形の形をしたローマ」が存在していたかのように記される場合が多いが、儀礼を伴うポメリウムの境界設定において、あらかじめ、正方形の輪郭を当てはめるのは無理がある。「クァドラータ」には「四分割の」という意味があったとする方が分かりやすい。儀式を通じて、四分割によって四方位定位が行われ、その十文字交差軸の中心に働く作用力によって、パラティーノ丘の幾つかの居住地が、都市共同体として統合されていったと考えると、その後の都市ローマが柔軟に拡張していったことが理解できる。ローマは都市から神殿まで、言い換えると、道路の交差する所、広場や中庭の中心に、闘技場や劇場、浴場、マーケットなどの古代ローマ独自の建築タイプの中にも、その作用力が存在し、それらが既存の共同体に位置づけられる場合も、大小様々な作用力の矢印（ベクトル）を均衡させ、1つのまとまった統一へと巧みに統合させている。

　ローマを見て歩くということは、個体から群体へ、そして更にそれを複合体へと統合していく、この作用力を体験することであり、幾つもの中心に出会うことである。この作用力が現れる仕組みとして、《十文字交差軸性》を、以後の道程を読み進めていくための、キーワードとしたい。

　紀元47年に、クラウディウス帝（在位：41-54）が、アヴェンティーノ丘を、セルウィウスの城壁で取り囲むことで、市街地として公認したのを最後に、聖なる領域としてのポメリウムの膨張は、そこで、止まっている。

　ピラミデがある一帯は、アヴェンティーノ丘に近く、アウレリアヌスの城壁とセルウィ
ウスの城壁が接近している。ピラミデはアヴェンティーノ丘の最後のポメリウムからも
十分離れて建っていた。一方、アウレリアヌスの城壁はポメリウムという制度とは無縁
に、緊急の防衛措置として、一気に周囲を取り囲む必要があった。それで、多くの既存
の建造物を城壁に組み込んで、その周長を稼いでいる。一周約19km 中の1/10は既存建
造物である。今日の道路上の墓の多くは取り払われたが、ピラミデは、アウレリアヌス
の城壁にぶつけられて、残った。

　墓はポメリウムの外であればどこにあってもよいのだが、故人の人生を生きている
人々の記憶にとどめたいはずである。それで、城壁の門の外の、できるだけ人通りの多
い大きな街道沿いに造られた。ピラミデは、古代のローマ外港オスティアへ向かうオス
ティエンセ街道に位置づけられている。

　オスティア・アンティカの遺構の中には旧街道沿いの墓が一部残っていることと、紀
元2世紀には百万を数えたローマの人口を、併せて考えると、夥しい数の墓が街道沿い
に並んでいる光景が目に浮かぶ。この想像は、18世紀中葉に制作された1枚のエッチン
グを呼び寄せる。ピラネージの『ローマの遺蹟』（1756）第2巻の扉の《アッピア街道
の想像的復元図》である。

ガゾメトロ（テヴェレ川右岸から）2009.10.30　　　　　　　　　　　　　　　　　　ガゾメトロ広場　2009.10.30

　サン・パオロ門を右に回り込むと、マルモラータ通り via Marmorata が、テヴェレ川
まで800m 続いている。この辺りは、古代の遺跡から石を切り出してくる大理石職人の
地区だった。まっすぐ行かずに、左に折れて、カイオ・チェスティオ通り via Caio Cestio
に入ると、左には外国人の非カトリック教徒の墓地が、アウレリアヌスの城壁を背にし
て320m くらい続き、聖なる静けさをたたえている。右には、赤茶色の少しけばけばし
い平屋建ての住居群、自動車の修理工場などがあり、バイタリティに溢れている。道を
挟んで、死と生の対照を繋ぐように、ローマの笠松が両側に立ち並び、中央で円弧状に
重なって、アーチの歩廊を成している。
　笠松のアーチを抜けると、ニコラ・ザバッリア通り via Nicola Zabaglia の左前方に向
かってアウレリアヌスの城壁が延びており、目を凝らして見ると、城壁の向こうに、空
気を細い鉄で包み込んだような円筒形の工作物がある。1936年に、高さ100m の鉄格
子で造られた、旧イタルガス社の**ガゾメトロ** GAZOMETRO である。ローマにおいて
は、硬い塊のような建造物がそこら中にあるので、空の形は、特別な現れ方をする。こ
のソリッドとヴォイドの対照に誘われて、城壁の向こうの工業地帯の街の中で、テヴェ
レ川の右岸からも、川を渡る時、橋の上から、そして、電車に乗って車窓から、とあり
とあらゆる所から眺めた。

モンテ・テスタッチョ通り 2019.10.26

水差しの噴水
（ニコラ・ザバッリア通り）
2019.10.26

　ニコラ・ザバッリア通りを渡ると、**水差しの噴水** fontana del Boccale がある。タクシーが停まって洗車をして、何と、キャンプ用の携帯コンロでパスタを茹でているではないか。この大きな大理石の水差しは、生活用水や飲料水に、盛んに利用されている。この噴水を起点とした、モンテ・テスタッチョ通り via Monte Testaccio の一帯は公共の並木道になっている。1931年に、ここを整備したのは、ローマ市役所の庭園・公園部門で、そこの顧問建築家がラッファエレ・デ・ヴィコであった。デ・ヴィコの名前と仕事を知ったのは偶然である。2018年11月1日、雨が一瞬やむ時もあるが、降り出すと傘もさせないぐらいの雨で、ナヴォナ広場に面する、ローマ博物館に飛び込んだ。入ってすぐの右側の小さな2部屋に、所狭しと、デ・ヴィコの全仕事が図面と資料で並んでいた。しばし、気が抜けてしまう。気になっていた場所の大半が、デ・ヴィコのデザインであったからだ。1923年から1935年にかけて、ローマ市営の公園や緑地、建築やモニュメントのために、デ・ヴィコが計画したプロジェクトは30数件あり、ほとんどが実現している。デ・ヴィコの仕事は、近代の国際様式にも、当時のファシズムの様式にも搦め捕られず、ローマの文脈の中で細心の注意を払い、濃密でありながら、控えめであり、古代ローマや教皇のローマの余白を余白として支えている。気づかずに通り過ぎる時、あえて、指摘していこう。

水差しの噴水の前方が、**モンテ・テスタッチョ**
Monte Testaccio である[1]。高さ約30m、周囲1km、
広さは2万㎡に達する。モンテ・テスタッチョは
ラテン語で「陶片の山」を意味するモンス・テ
スタケウスと呼ばれていた。ローマの外港オス
ティアからテヴェレ川を遡って運ばれてきた油や
ワインなどの積荷を運搬貯蔵するための、古代に
使われたアンフォラという大きな陶製の素焼きの
壺が、そこに捨てられ、積み重なってできた人工
の山である。上部のほとんどが、2世紀中葉から
3世紀中葉までのスペイン産の油壺であること
が、陶器の破片の印や走り書きによって明らかに
なっている。スペイン産の油は、当時のローマで
は、ひとり1日あたり1ℓが料理や照明のために
消費されており、2世紀には100万を数えたロー
マの人口を考え合わせると、古代ローマのスケー
ルの大きさが、陶片の山から透けて見えてくる。

[1]

山に沿って通りを行くと、道をふさいでいる
車の下から、つなぎの作業服で、一切の笑みのな
い職人の目が寄ってきて、あごをしゃくって、2
階を見るように促した。2階は宿泊用に改装工事
をしているところだったが、地下に降りていく
と、陶片の積層になった壁が露出している部屋が
あった[2]。ひんやりとして、17世紀からワイン
の貯蔵庫として利用されていたらしい。この部屋
に居ると、山の外周からくり抜かれるようにして
造られていることを[3]、そのままそっくり、実感
できる。

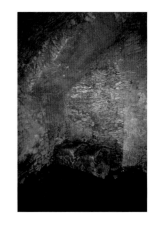

[2]

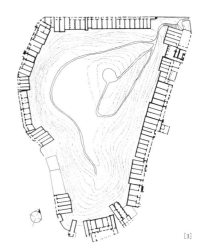

[3]

[4]

[5]

[6]

[7]

　モンテ・テスタッチョ通りを挟んで山の西側には、かつての**マッタトイオ**（屠畜場）ex Mattatoioの煉瓦壁が400m以上延びている。1887年から1892年にかけて、ジョアッキノ・エルゾークの設計で建てられた、このマッタトイオはローマ市の首都宣言後の初の産業介入である。1975年からは稼働していない。1980年以降は、地域の集会や文化イベントなどが開催されていたが、2002年からは現代美術の展示を目的としたMACROに2つのパビリオンが割り当てられている[4]。いまだに、家畜の移送用吊り下げトラックの鋼材や鋳鉄に[5]、畜舎の金物や水槽に[6]、労働者の熱気と屠られる動物たちの気配が絡みついている。現代美術の行き場は、ここにはないだろう。

　2005年の春、ふらりと、マッタトイオの南側のブロックに入った。トレーラーハウスやテントが並んでいて、そこはキャンプ地かヴァカンス村のようであった。洗濯物を吊るしているロープの古着がなびいているのを見て、そこが、「ジプシー」のキャラバンの停留地であることが分かった[7]。年長の子が、赤ん坊を抱いて、古着で物乞いをする目、ローマっ子に溶け込むような流行のファッションで物色する目、とは違う、屈託のない子供の目が、無時間的に日溜りの中に、両親と居るのを、見つづけた。この遊動民は、インド起源の放浪民族であるという定説に替えて、1980年代以降は、ヨーロッパ社会が生み出した社会的孤立集団であるという構造的な視点が与えられている。

マッタトイオの東、陶片の山の北側の**新テスタッチョ市場** nuovo Mercato di Testaccio は、2012年に2ブロック離れた旧市場に替わって開いている[8]。新市場の敷地は、最近までは、仮設劇場やサッカー場があった場所で、2005年からの、約1ヘクタールに及ぶ広大な発掘調査によって、古代ローマの貯蔵倉庫の遺跡の存在が明らかになった。その一部は、市場の中庭が3mくらい掘り下げられて、そこに露出している[9]。市場の設計者はマルコ・リエッティで、遺構を保護するための工法、小さな穴空きパネルを立体化した、屈折光による採光方式、そして、地元の人だけでなく、学生や旅行者にも開かれたプログラム、と機能的で明るい市場に生まれ変わった。

[8]

2003年の春、はじめて旧市場に足を踏み入れた時は、老朽化したプレハブ建ての屋根の下、コントロールされていない斑のある光の中で、それぞれが、野菜であり、果物であり、魚や肉であることを主張し、働く人々の労働も、そのまま見えた。そこには、ミニチュアとしての内面化したテスタッチョの街全体が現れていた。

[9]

この旧市場のあった場所は、現在広場になっていて、中央に**アンフォラの泉** fontana delle Anfore が鎮座している[10]。長らく、橋のたもとのエンポリオ広場にあったこの泉は、1925年に、建築家ピエトロ・ロンバルディが設計し、その実績から、ローマ市中の10箇所の珠玉の噴水のデザインを手がけている。

[10]

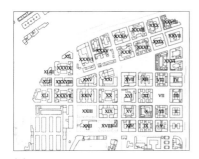

[11]

[12]

[13]

　テスタッチョ地区は、古代ローマ時代には港と倉庫街を中心として、ローマの都市部に組み込まれていたが、中世からは何世紀にもわたって、葡萄畑や菜園が拡がる郊外地域になっていた。それが再び都市部に含まれるようになるのは、1903年に設立された最初のICP（住宅公団）の、テスタッチョに代表される、**庶民住宅地区**の建設からである。ローマがイタリア王国の首都の顔になるべく、テルミニ駅から東部丘陵地帯の開発は、1871年の遷都後すぐにはじまり、ローマの改造の計画に伴って、1887年まで続く常軌を逸した投機がさらに過熱し、そこを追い払われた貧民層と、建設ブームで農村部から押し寄せた労働者の人口増加によって、新しい住宅地区の建設が、ローマ市の急務となった。1883年の第2回目の都市計画によって、碁盤の目のような配置と中庭を囲むブロックタイプの集合住宅が提示され、そこにローマ数字が打たれて建築家に割り振られた[11]。その中でも、北側のテヴェレ川に沿って、配置の軸が20度程振られた一帯が際立っている。窓や戸口、階層帯やブロックの角に、紀元1世紀後期のオスティアの倉庫などに見られる、コンクリートの煉瓦型枠における装飾表現に近い細部が与えられて、その僅かで質素な細部が、多様な効果と適切なスケールを生み出している[12][13]。これを設計したのは、ICPの建築家クァドリオ・ピラニであった。この若き建築家の特質が現れている計画がサン・サーバ地区にあり、そこで触れたい。

ポルティクス・アエミリアの東西壁（北側の細い道から）
2018.3.27　色鉛筆、グラファイト　181×281mm

ポルティクス・アエミリアの南北壁　2019.10.25

フォルマ・ウルビス・ロマエ

　ピラニのブロックが面する、ルバッティーノ通り via Rubattino を挟んで、西側の鉄柵の中に、南北に40mくらい走る壁の勢いが見える。ジョヴァンニ・ブランカ通り via Giovanni Branca の教会の脇に立つと、東西壁の上部の、小さなアーチの開口部が覗いている。ベニアミーノ・フランクリン通り via Beniamino Franklin を歩くと、南北壁の上部が2ブロックにわたって延びている。いずれも、集合住宅の中庭に組み入れられていて、掴みにくい。2018年3月27日、その日、鉄柵の扉が開いていた。入っていくと、壁の向こうに、4m程の細い道が中庭を仕切って延びており、そこに、教会の脇から見た壁の反対側が、その印象的な開口と共に、すっくと、そこにあった。ここに座ることにする。スケッチ［前頁］の左端に、白で抜いて、遠くに離れている南北壁の勢いを足してみた。更に、全体の規模を想像するために、そこにはない、石の記憶を加える。「フォルマ・ウルビス・ロマエ」と呼ばれている、セプティミウス・セウェルス帝（在位：193-211）の時代に、大理石に刻まれたローマ市の縮尺1/240の平面のことである。487m × 60m、この輪郭を地図にプロットしてみた。それは、テスタッチョ地区の北の1辺を占めて、ベニアミーノ・フランクリン通りからマルモラータ通りにまで達していた。南北方向は、目の前のこの壁の位置から、北のテヴェレ川に向かって、1ブロック以上あることになる。

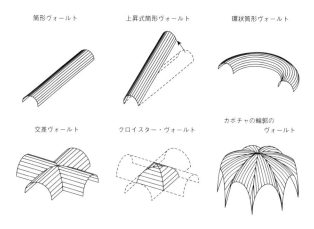

筒形ヴォールト　　　　上昇式筒形ヴォールト　　　環状筒形ヴォールト

交差ヴォールト　　　　クロイスター・ヴォールト　　カボチャの輪郭の
　　　　　　　　　　　　　　　　　　　　　　　　　　ヴォールト

ユピテル・アンクルスの神殿（テッラチナ）　　　筒形ヴォールトのヴァリエーション
2003.3.13

　大きさが把握できても、この遺構が内部の空間として実感できない。天井が欠落しているからだ。そこで、2003年の春に見た、テッラチナのユピテル・アンクルスの神殿の下部構造の空間を重ねてみる。テッラチナは、ローマ市の南100km程の、ティレニア海に面したアッピア街道沿いの街である。その岬の切り立つ崖の上に、神殿の下部構造である巨大なテラスが築かれている。そこには、12個の凹所があって、それぞれに筒形ヴォールト（曲面天井構造）が架けられていて、それと直行するアーチ型の開口部の抜けが連なっている。そうこうするうちに、50本の筒形ヴォールトの抜けに、直行するアーチ型の開口の抜けが貫通して、2方向の抜けが碁盤の目のように交差している、空間の全貌が立ち現れてきた。総面積3万㎡にも及ぶ、この建物は、**ポルティクス・アエミリア** Porticus Aemilia で、小麦を主とした集積貯蔵を目的とする倉庫であった。これだけ巨大な倉庫の存在と、「陶片の山」が、ここで、1つになって、実感できた。

　古代ローマ人は、現代のような水平部位による骨組みを避けて、筒形ヴォールトによる架構法を採用している。図示しているように様々なヴァリエーションに展開されており、それらは古代ローマ特有の新しい建築タイプの形成を促した。筒形ヴォールトの架構法をあてはめて、遠く離れた断片と断片を、ない所を補って、宙を目で追いながら、結びつけてみよう。

規模の側面と、もう1つ驚かされるのは、ポルティクス・アエミリアが建造された、日付である。紀元前193年には存在していたということだが、それ以前に、10mの間隔で建っている壁の間を自力で支えられる筒形ヴォールトの記録は報告されていない。ポルティクス・アエミリアは、突然に強度を持つことになった、コンクリートの最初の使用例である。このように、構造材としての強度がある場合に限って、この材料を、ローマン・コンクリートと呼ぶことにする。

　コンクリートとは、結合材と水によって、砂利や砕石などの小さな骨材を一体石的な状態に硬化させた塊である。ローマン・コンクリートと現代のコンクリートの決定的な違いは、その結合材にある。今日の結合材は人工的に焼成したポルトランド・セメントであるが、古代ローマのコンクリートの結合材は天然の火山の熱い溶岩から生まれた堆積物で、その粒は、小さなスポンジのようにたくさんの穴が空いていて、そこに水と混じった石灰がよく染み込み、それで粒同士をしっかりとくっつけることができた。空気中の二酸化炭素を必要としない別の反応を引き起こしているのだ。つまり、ローマン・コンクリートは、すぐに固まっただけでなく、水の中でも固まったのである。この現象と、それを引き起こす火山岩系の沈積物を、古代ローマ人は目撃したのであろう。その発見地はナポリの西15kmにあるポッツオーリ（古名：プテオリ）で、そこで採れた、ポッツォラーナ（火山灰）の使用は紀元前2世紀初頭にはじまる。

　ポルティクス・アエミリアのような大規模建築において、構造材としてのコンクリート使用が可能になったのは、結合材の大部分が、ポッツォラーナであったからである。スケッチ［18頁］の東西壁と鉄柵の入口付近にある南北壁の、断面と表面は同じ表情をしており、どちらにも比較的大きな割栗石が確認できる。この初期のコンクリートは、骨材として割栗石を使用し、型枠はほとんど欠落しているが、割栗石積みとしている。その後、紀元前1世紀から紀元2世紀にかけて、型枠の石の積み方や煉瓦の使用が普及したが、石積みや煉瓦積みはあくまでも型枠工法としてあり、固まってしまえば、建造物の躯体を支持しているのは中核のコンクリートであることを、古代ローマ人は、はじめから、知っていたのである。

　ローマが他の都市と異なるのは、古代ローマが、未だにはっきりと、存在している点にある。《ローマ・コンクリート》は、その前提条件である。

サン・ラザロのアーチ

（マルモラータ通りから）

2017.3.23

サン・ラザロのアーチ

（アヴェンティーノ丘の上にサンタンセルモ教会）

2017.3.30

エットーレ・ロースラー・フランツ
《サン・ラザロのアーチ》1887 水彩
この水彩画では、礼拝堂は見えない。
灰色の空の下、雨の気配を感じる風景。
マルモラータ通りの濡れた路面を、行き
交う人々。右側にカート、左側のストー
ブの上には何か熱いものが。

　マルモラータ通りまで出ると、アヴェンティーノ丘の西斜面が拡がっている。30m く
らい上の丘の頂部にはサンタンセルモ教会が建ち、その真下辺りの、丘の斜面から突き
出るようにして、**サン・ラザロのアーチ** arco di San Lazzaro が古代ローマ時代の煉瓦型
枠によるコンクリートの勢いを見せている。サン・ラザロに捧げられた礼拝堂は、1748
年のノリの地図に確認できるが、1887年のエットーレ・ロースラー・フランツの水彩画
の中には見えない。2007年の春は、フランツの画集を携えて歩き回っていた。レストラ
ンの前のアーチと見比べていると、数段上がったテラスで、食事を終えた客を送り出し
ている女主人が、挨拶をしながら、手招きをした。レストランの入口ホールに、礼拝堂
の遺物だけとは思えない出土品の数々が、整理されていない博物館のように陳列されて
いた。フランツが描いている風景のほとんどは、ローマから消えている。古代ローマで
もなければ、教皇のローマでもない、中世から脈脈と続いてきた日常的なローマの風景
である。フランツの120枚の水彩画が描かれたのは、1878年から1896年の間で、この時
期には、イタリア王国のローマ改造のマスタープランが決定していた。フランツはその
風景が消える日付を知る立場にあった。先回りをしながら、使命感にも似た感情に突き
動かされて描いているフランツが、何時も、身近に居た。道中、この画集を幾度となく
開くことになる。

上
エンポリウムの下部構造
（テヴェレ川右岸から）
2014.10.23

左
サン・ミケーレ救護院
（ルンゴテヴェレ大通りから）
2007.3.24

II. 小路を行く

　マルモラータ通りを北に進むと、テヴェレ川 Fiume Tevere に出る。ローマで完全に失われている風景は、テヴェレ川沿いの両岸の形と川に正面を向けた建築群である。秋から冬にかけての雨期に、しばしば氾濫し、被害をもたらしていた、テヴェレ川の護岸工事は、首都ローマの形成をめざす国家にとって、緊急を要し、1875年7月の法律によって、川幅を10m、堤防の高さを17mとすることになり、1877年から1926年までの50年を要する工事によって、この風景は消えた。フランツは、1878年から1896年の120枚の水彩画のシリーズにおいて、1/3以上の枚数をテヴェレ川沿いの風景に充てている。間一髪で間に合った、今見ることのできない風景である。

　スブリチョ橋 ponte Sublicio を渡り、左に下りて、テヴェレ川沿いに120m程行くと、対岸のテスタッチョ側に、筒形ヴォールトの連続が生い茂った樹木の間から見える。ポルティクス・アエミリアのような倉庫や同業者組合などがある港湾施設のことを、古代には**エンポリウム**と呼んでおり、その港の下部構造の遺構が残っているのだ。橋の方に戻り上に出ると、目の前に、堤防とセットで造られたルンゴテヴェレ Lungotevere という幅員が20m以上の川岸の大通りが続いている。この辺りのルンゴテヴェレ大通りには、11世紀に新設されたリパ・グランデ港 Porto di Ripa Grande という名がつけられている。紀元前2世紀末には、この近くに、対岸のテスタッチョのエンポリウムと同様の施設が造られていた。この時期のテスタッチョの倉庫は飽和状態で、ローマの胃袋にもっとスペースが必要になったからである。

　トラステヴェレの倉庫群があった辺りには、17世紀末から20世紀初頭までの250年間、永きにわたって、非行少年の更生施設、職業訓練所と変化しながらも、恵まれない子供たちの施設であり続けた、かつての**サン・ミケーレ救護院**が、テヴェレ川に面して、長さ334mのファサードを見せている。

運河の小路　2019.3.25

エットーレ・ロースラー・フランツ〈サンタ・チェチリア地区の中世の家〉水彩

　サン・ミケーレ救護院の壁が途切れる所から、**トラステヴェレ** Trastevere に入ってい
く。ルンゴテヴェレから少し引き込まれた所に、古代ローマ時代の遺構から盗用した型
枠の煉瓦や石材を継ぎはぎにした、中世の家が正面を見せている。2階の壁の角には、
白いプレートに 'vicolo del Canale'（運河の小路）とある。［**ヴィーコロ**］vicolo は「小路」、
「路地」と訳されており、ヴィア via と比較して、その規模の側面ばかりが強調されがち
だが、重要なのは、住居が道を挟んで向かい合って建ち、そこが、住まいの内部空間の
延長のようなスペースとしての特質を持っていることである。ヴィーコロの多くが形成
されるのは中世の後期からで、中世の住宅はスキエラ型住宅と呼ばれ、室内が狭いうえ
に、中庭や裏庭、テラスを持つことも稀なため、ヴィーコロには洗濯物が干してあった
り、家々から椅子が運び出されて、隣同士の楽しい宴が突然はじまったりする。しかし、
1960年代後半から、トラステヴェレ地区に住む人々の階層と国籍に変化が現れ、ヴィー
コロの形だけは残っているが、本来の性格のヴィーコロは少なくなっている。この**運河
の小路**の場合は、護岸工事とルンゴテヴェレによって、対面する側の住居が削り取られ
ているか、単なる塀になっていて、もはやヴィーコロではない。この小路を先に進むと、
サンタ・チェチリア教会 Santa Cecilia に向かう角に、フランツが描いている中世の家が
そのまま残っていた。

エットーレ・フィエラモスカの家（全景）　　　　エットーレ・フィエラモスカの家（柱廊玄関）2015.3.23

　この住居は、**エットーレ・フィエラモスカの家** casa di Ettore Fieramosca という呼称で通っているが、古代や中世の建築についた文学的呼称から、用途や内容を推し測ることはしないでおこう。13世紀後半に建てられたこの家には多くの人が住まい、14世紀には家の前のサンタ・チェチリア教会の修道院が預かっていた、北方ロンバルディアの極度に禁欲的なフミリアティ修道会が住んでいたことが報告されている。フランツの水彩画と近年の改修を見比べると、1階の柱廊玄関の柱のイオニア式柱頭はそのままであるが、柱を繋いでいる半円アーチの下のフラットに近い偏平アーチが煉瓦によって強調されている。柱の基部は持ち上げられて、その台座の水平線と短柱の垂直線と偏平アーチが形成する区画のスケールがよい。角の膨らみのように見える補強のためのバットレスは変わらないが、その左隣りのアーチが部分的に開放されている。上部のロッジアの開口の下の小さなアーチが連続した飾り迫縁（せりぶち）は同じであるが、小さな縦長の窓のある壁がすべて取り払われている。全体に水平線が強調されてモダンに生まれ変わったようだが、一方では、1階回りの柱廊の抜けや、上部ロッジアの開放のされ方は、本来の姿に近づいていると言ってもよい。

　それにしても、フランツが描いているサンタ・チェチリア地区の中世の家は、侘しく、今にも雨が降りそうである。雨が降ると、トラステヴェレに足が向く。

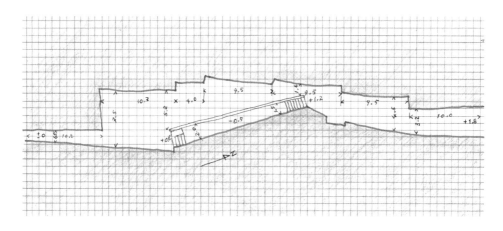

アトレータ小路の実測図（方眼の1マスが1m）2004.10.30

　サンタ・チェチリア教会の前の広場から北に進んで右には、下り坂の先に、サンタ・マリア・イン・カペッラ教会 Santa Maria in Cappella の漆喰塗りの質素で小さな正面が視線を受け止めている。そちらには行かずに、左に折れて4m程ジェノヴェージ通り via dei Genovesi を行くと右に、**アトレータ小路** vicolo dell'Atleta の1.5m程の入り口がある。2004年10月30日、このヴィーコロに分け入った途端、内部に居る。それもプライベートな内部に居て、侵入したかのように、ばつが悪い。スケッチをしたくても、椅子を置くところではない。それで、歩き回って実測することにした。北に向かって1.8mくらいの上り坂の傾斜と、途中の右側に両方向から下りていける階段を併せ持っていて、立体的な山岳都市の道と同質の力が、そこには働いている。壁長は、基準寸法があるかのような、10m前後とその1/2の長さが記録された。実測図は方眼紙の1マスが1mで、このヴィーコロの奥行の全長は65m程となる。物に触りながら実測していると、離れて全体が見たくなる。全体を眺め渡してスケッチをしていると、対象に触れる程近寄りたくなる。裏返しのようだが、似た作業である。眺め渡すと、ヴィーコロの南の隅で際立っている、1つの家がある。短い柱と2連のアーチで開放されている2階のロッジアと、その最上部に僅かに突出した小さな連続アーチのコーニス飾りとの、スケールの関係がよい、中世の家である。

上　アトレータ小路
　　（南方向を見る）
　　2004.10.30

左　アトレータ小路
　　（北方向を見る）
　　2019.10.25

　この**シナゴーグの家** casa della Sinagoga は、辞書編集者として名前を残しているネイサン・ベン・イェヒエル（1035-1106）により設立されたシナゴーグ（ユダヤ人共同体）の、この地区の拠点だったと思われている。ローマのユダヤ人は、紀元前2世紀末にはトラステヴェレ地区に住みはじめ、この家が建てられた11世紀後半は、テヴェレ川を渡って、左岸の市中にも移り住んだ時期であり、ユダヤ人が比較的平和な生活を享受していたことが、この家からも伝わってくる。

　北に向かって左側の壁には、古代ローマ時代の溝つきの柱や型枠の煉瓦、S字形の溝彫り装飾のある石棺などの断片が、今日の仕上げ面の一部が削り取られて現れている。このヴィーコロの名前の由来となった、古代ギリシア彫刻のアトレータ（アスリート）の像のコピーが1844年に発見されたのもこの区域である。美術収集家の古代ローマ人がこの辺りに住んでいたのだろうか。トラステヴェレの、こんな中世の小路にも、ローマでは、古代ローマの声がする。

ピシヌラ通りのエディコラ 2015.3.23　　　　　　　　　　　　　　マッテイ家の館（東側の角の柱廊玄関）2011.3.25

　アトレータ小路を出てすぐ左にあるピシヌラ通り via in Piscinula を道なりに行くと、突然、**ピシヌラ通りのエディコラ** Edicola: via in Piscinula が目に入る。大きな青銅製の天蓋で覆われている、テラコッタの光条に囲まれた円盤に、定形の聖母子と聖ヨハネがレリーフ（浮き彫り）で現れている。要素間のスケールがよい。そして、この小さな形は、通りに対して抑揚をつけている。エディコラが取りつけられた壁の凹みをいなして、壁のコーナーが描く曲線は、通る折に見入ってしまう。制作年代は20世紀の中頃で、まだ新しい現代のエディコラである。ジョン・レスリー卿（1916-2016）がこの中世の館を購入して、エディコラのデザインを建築家ロベルト・デ・ルカに依頼した。トラステヴェレに居を構えた外国人が、どのような想いで、住まいの壁の角に、この小さな形を添えたくなったのであろう。［**エディコラ**］は、街に住んでいる人々が、幸せや安全、健康を願って置いた標識から、信仰の象徴に到るまでの表現形式を含んでおり、それは、現在も持続している。

　フレスコ画や板絵、テラコッタのレリーフ、スタッコ細工など様々な素材と手法で実現されてきたエディコラは、17世紀、18世紀には画家や彫刻家の制作対象として、美術的価値が与えられた時期もあったが、大半は無名の人の手による素朴な表現とされてきた。しかし、それらは、都市の中の建物の角や、道や広場の突き当りで、舞台背景のデザインのように際立っている。古代ローマや教皇のローマの壮大で豪華な表現に対して、そこには、エディコラには、清らかな貧しさがある。

　ここから、ピシヌラ広場の方を向くと、**マッテイ家の館** casa dei Mattei の東側の角に、13世紀の柱のある小さな柱廊玄関と、その上のロッジアが開いている。この館は13世紀に起源をもつ幾つかの住居の複合体で、何世紀にもわたって、大きく変化し、広場全体を受け止める程巨大な館となった。1748年のノリの地図にはピシヌラ広場はなく、ルンガレッタ通り via della Lungaretta がその幅で延びていた。広場に大量に停めてある車を当時の街区のブロックに見立てて、マッテイ家の館の前を通ると、僅かな壁の膨らみや分節、アーチの扉や13世紀の窓などが展開されていく。

　この通りをまっすぐに進まずに、左に曲がって坂道なりに上ると、**トロメイのアーチ** arco dei Tolomei がフランツの水彩画のまま残っていた。坂道を下りていくと、それにつれて、変形交差ヴォールトのアーチが切り取っている風景が刻刻と変化する。

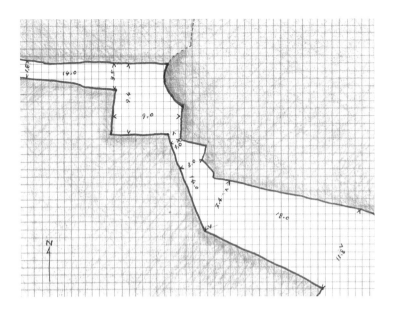

ブーコ小路の実測図（方眼の1マスが1m）2004.10.30

　トロメイのアーチを抜けて振り返り、逆方向を切り取るアーチのフレームの効果を確かめながら、サルミ通り via dei Salumi を50m 程西に進むと、ルーチェ通り via della Luce に、**ブーコ小路** vicolo del Buco が、ヴィーコロとしては広い、12m 幅の間口で開いている。奥にはトラットリア（大衆向きのレストラン）の45度くらいに振れた正面のブーゲンビリアが午後の光を孕んでいる。その前を通り過ぎて北に折れると、角に低い大理石の側柱がある 1m 程の隙間から、2004年10月30日に、またしても、内部に分け入った。スケッチではなく、歩き回って測る。1辺が9m 程の正方形に近い矩形の空間で、その方位と壁の高さからくる、翳りと包まれている感覚は、このヴィーコロの名前、ブーコ（穴蔵）そのものだ。しかし、この小路に「イル・ブーコ」と呼ばれていた窮屈なオステリア（居酒屋）があったことも事実である。広い間口から柔らかな斜線で遠近法的にすぼまっていく明るい空間と、隙間から拡がる矩形の穴蔵との、極端な対比は、どちらからアプローチしても驚きがある。

上　ブーコ小路
　　（南側の食堂がある拡がり）
　　2011.3.25

左　ブーコ小路
　　（東側の半円筒形の突出部）
　　2017.3.23

　ブーコ小路の矩形の空間の東側に、高い壁と直径7m程の半円筒形の突出部がある。これらは、隣接しているサンタ・マリア・デッラ・ルーチェ教会 S. M. della Luce の側廊の壁とアプス（教会の内陣の半円形の端部）である。ルーチェ通りの教会の正面は1730年頃の再建であるが、ヴィーコロに現れている教会の後の端部は13世紀の姿のままである。中世の住宅のスケールと、教会の都市的スケールが、こんな小さなヴィーコロで出会っている。思わず、口を衝いて、大魔神が出た、と独り呟く。

　北側の壁のプレートに、歌手のルーチョ・ダッラ（1943-2012）が、ここに住んだことが記されてあった。その時期の1980年代は、ダッラの曲作りがピークに達している時で、このヴィーコロには、俳優、画家、政治家などが、避難所として頻繁に訪れていた。このプレートにはダッラの曲の一節が続く。

　　——今宵、奇蹟の夜　ローマのヴィーコロの誰かが　歌を書いた（ダッラ、1980）

　現在も、ブーコ小路には、ルーチョ・ダッラを偲んで来る人が後を絶たない。

　ブーコ小路を抜け、ドラゴ広場を経由してルンガレッタ通りを東に1ブロック行く
と、その角に、**ルーチェ小路の中世の家**が、フランツの水彩画とほとんど変わってい
ない外観で保存されていた。傾斜した屋根や小さなアーチが連続した迫縁の階層帯な
どとは中世の家の一般的な要素であるが、右のルーチェ小路側の外壁にへばりついてい
る屋根つき階段の要素が興味深い。プロフェルロと呼ばれるロッジアが階段の最上部に
あって、そこに住居の玄関がある。階段の下には1階の仕事場やワイン貯蔵庫への出入
口があるが、現在は塞がれている。1985年の新しい修復は理想的で、外観全体を漆喰で
塗り回しているだけのようだが、元の煉瓦や凝灰石を部分的に再現する箇所には、中世
の家の構成と構造に理解があり、特に、開口部回りの変更箇所は慎重で、現在の窓越し
に、過去の窓が煉瓦の壁を伴って重ねられている。モダンに生まれ変わる時に、中世も
生き返らせているのだ。ただ1つ、フランツの絵と大きく違うところは、ルンガレッタ
通りに面してあった栄光のオステリアが消えたことである。

アングイッラーラ家の塔（ソンニーノ広場から）2019.3.25　　　　　　　　　G.G. ベッリの記念碑（G.G. ベッリ広場）2017.3.23

　ルンガレッタ通りを西に進むと、トラステヴェレ大通り viale di Trastevere との角に、**アングイッラーラ家の塔** torre degli Anguillara が建っている。1881年のフランツの絵と比較すると、仮屋根を被せた塔以外は、中世の残骸がエディコラと共に撤去されている。1902年に塔をフランツの絵よりも 1.5m くらい高くして残し、それ以外の館や工場などの複合施設は大半を解体し、中世風に新築してしまっている。

　テヴェレ川に向かって北上すると、ガリバルディ橋 ponte Garibaldi とルンゴテヴェレ、トラステヴェレ大通りなど、19世紀の首都ローマの改造が集結する場所に、詩人**ジュゼッペ・ジョアキーノ・ベッリの広場** piazza G. G. Belli がある。彫刻家ミケーレ・トリピシアーノ作の《G.G. ベッリの記念碑》（1913）の詩人（1791-1863）は、左手に黒いステッキを持って、右手はテヴェレ川に架かるファブリチオ橋（前62）の欄干の摸刻にもたれ、台座の両脇には、仮面から扇型の水が噴き出している。車と路面電車の喧騒に、その水音だけが反響している。

チェドロ小路 2019.10.26 [a]　　　　　　チェドロ小路 2019.10.26 [b]　　　　　　チェドロ小路 2019.10.26 [c]

　トラステヴェレの西側の地区にルンガレッタ通りから入り、80m くらい進むと、左側に通りと直交してある、**塔の小路** vicolo della Torre をひそかに発見した［前頁］。ヴィーコロの幅は3.5m 程で、途中で右に折れて、サンタ・ルフィナ広場 piazza S. Rufina に抜けることもできるが、ヴィーコロの空間で支配的なのは、その25m の直線部である。方位は南北を向いて、南は袋小路になっているので、日が射す時は限られている。正午の前後の僅かな間、壁を舐めるような光が、中世の住居の端整で硬質な細部を、ひたひたと撫でていく時、この小路が立ち現われ、翳ると小路は消えた。このヴィーコロの名前 Torre（塔）は、姿を消したアルベルテスキ家の塔であろう。

　ルンガレッタ通りを更に西に行くと、サンテジディオ広場 piazza S. Egidio に出る。そこに、フランツの水彩画をはじめて見た民族博物館 Museo di Roma in Trastevere がある。その脇から入る**チェドロ小路** vicolo del Cedro の洗濯物が、小さな滑車金物とロープで吊るされて、出迎えている［a］。ゆるいカーブに沿って、サンテジディオ教会の修道院の囲い壁のエディコラを見ながら歩いていくと、突然、右に直角に折れて、空間が反転する［b］。この分節点の前後における明と暗、直線と曲線の対比は際立っている。更に進むと、左側の高い壁の向こうに子供たちの声が聞こえ、奥には10m 以上一気に上る急勾配の階段があり、そこは、世界の行き止まりのような地勢であった［c］。

サン・ピエトロ・イン・モントリオ教会への階段 2015.3.21

テンピエット 2005.3.26

　チェドロ小路の階段を上り切り、ガリバルディ通り via Garibaldi を渡って左に回り込むと、サン・ピエトロ・イン・モントリオ通り via di S. Pietro in Montorio のコルドナータ（段のある斜路）があり、そこを40m進んで、正面の付け柱によって3分割された白い壁を鋭角に振り返り、そこから一気に直階段で、ガリバルディ通りより20m上の教会前の拡がりに出る。すぐ右のスペイン王立アカデミーの施設の脇から修道院の壁が続いており、手前の開口部から、15m × 25m くらいの中庭が見える。その中央に、ブラマンテ（1444-1514）の**テンピエット** Tempietto（小神殿）がある。柱廊玄関の交差ヴォールト越しに見ると、中庭という内部化された外部に、テンピエットの外観があり、そこから更に内部に入ることができる。この入れ子のような仕組みを純化した初期構想がブラマンテにあったことを、セルリオ（1475-1554）の『建築書』の図版が伝えている。しかし、この図面は築かれた現実のテンピエットとはかけ離れた概念までも指示している。集中式の円堂の1点からの放射状平面で形成される極座標の理想形を求めているのだ。テンピエットのような16世紀の建築は、セルリオの図版を引いて、古典主義建築の文脈で見られ、語られることは間違っていないが、ここでは、あえて、古代ローマ建築の側から見ていくことにする。ブラマンテは1499年の暮れにミラノからの難民としてローマに入っている。

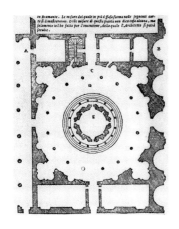

S. セルリオ「テンピエットの平面図」
(『建築書』第 3 巻、フォリオ 67)

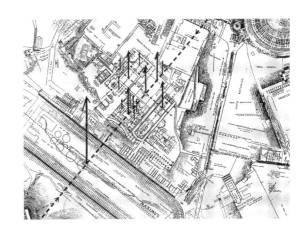

作用力の均衡による統合 (古代ローマ地図に矢印を加筆)

　古代ローマ建築の範囲が広過ぎるので、建築家セウェルスとケレル、ラビリウス、そして建築皇帝ハドリアヌスの時期、紀元 65 年頃から 135 年くらいまでの 70 年間に限定する。古代ローマ時代以後の 2000 年間にとって重要な建築が集中的に現れた特別な時期であるからだ。古典における最重要テクストのウィトルウィウスの『建築書』(前 33-前 27 頃) は、15、16 世紀の建築理論を背後で支えているが、ウィトルウィウスは、当然であるが、古代ローマの重要な建築を 1 つも見ていない。

　ブラマンテはミラノで読んでいたことと、ローマに入り、そこで夥しい数の遺構の実測と観察から掴んだこととの相違を体験している。それは、ローマン・コンクリートの構築物の中の一種の作用力のようなもので、その作用力によって、個体から群体、そして更にそれを複合体へと構築していく統合法を掴んでいるのだ。この作用力は、古代ローマの創建儀礼における四方位定位にも見られた《十文字交差軸性》から現れている。70 年間の特別な時期のローマ建築は、十文字の軸に対して、X 字の軸を重ね、それらの葛藤によって、円形や多角形、正方形の平面の新機軸を築いている。この時期の前後には放射状概念の建築は存在するが、ブラマンテは興味を示していない。古代ローマの集中式平面を十文字交差軸と見るか、放射状と見るかで、16、17 世紀の建築家の資質は二分されると言ってもよい。

テンピエット（周歩廊の列柱）2015.3.21　　　　　　　　　　テンピエット（地上階の内観）2006.10.28

　　テンピエットの東西軸には正面扉と奥の主祭壇があり、それと直交する南北軸には側門扉が両側にある。その十文字交差軸は付け柱の広い柱間で強調され、対角線のX字の軸上では、狭い柱間に挟まれた窓やその上のニッチが、十文字交差軸と対立しながら抑揚をつけている。円堂内のエンタブラチュアが外周のそれより高い位置にあるので、ドリス式の付け柱は高い柱基で持ち上げられて不釣合である。しかし、その付け柱の脇に寄り添うように、子供の柱が扉や祭壇のアーチを支えており、ドリス式であるが、ストンと床に落ちていて安定感がある。この小さな柱は、付け柱の広い柱間に添えられているので、狭―広―狭の柱間を調節している。豊かな凹凸のある円堂の壁は構造体として存在感があり、エンタブラチュアと付け柱が示すこの梁と柱はそれに続く。外周壁の付け柱は、長方形の神殿においては類型的だが、円形神殿の例は見たことがない。―などと、生意気なことを言ってきたが、古代ローマ建築の側からの発言であり、古典主義建築の文脈に沿えば、真逆のことが言われている。

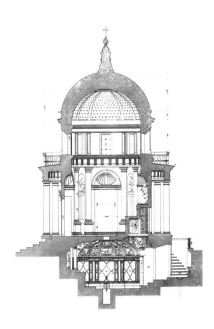

P.M. ルタルイー「テンピエットの断面図」

（Edifices De Rome Moderne より）

上　テンピエット（地上階）2006.10.28

下　テンピエット（地下階）2006.10.28

　更に古代ローマから見るシリーズを続けると、十文字交差軸の中心に、水平から垂直に変換された軸の作用力を体験する。テンピエットの断面はこの軸上に築かれていて、それはジョーゼフ・リクワートが古代のウァルローの著述から言及した「テンプルム」の仕組みである。地下の「テンプルム」は死者の世界であるが、テンピエットの地下の穴は、聖ペテロが十字架にかけられた地点であり、地上の「テンプルム」は天空の反映であるが、キリスト教の世界では、ペテロの住まいとなり、天空の「テンプルム」の秩序世界にはキリストを位置づけている。このような古代の読み替えは多多あることだが、一方で、垂直の軸上には、地下の礼拝室の下の穴から、その円蓋の穴と地上の床の穴を貫通して、更に空に向かって次なる円蓋を突き抜けていく、この作用力によって、地面に鋭く突き刺さっているように感じると同時に、浮かび上がっていくような、一種の宙吊り状態の感覚をもたらす「場所」を築いている。ブラマンテは、特別な時期の古代ローマ建築にとっても、「原型」を造り出してしまった。

サンタ・ドロテア教会
（サン・ジョヴァンニ・デッラ・マルヴァ広場から）
2007.10.26

[1]

[2]

[3]

　ガリバルディ通りに戻り、坂道を下りていくか、途中で小路に折れるかして、**セッティミアーナ門** Porta Settimiana に向かう［1］。古代のアウレリアヌスの城壁に編入し、15世紀末に整備されている。

　サンタ・ドロテア通り via di Santa Dorotea は様々な家がゆるい曲線に沿って不規則に向かい合っており、そのリズミカルな最高点は、**サンタ・ドロテア教会**の凹面で与えられている［前頁］。この正面は南を向いているが、凹面にすることによって、朝から晩まで光を溜め込んでいる。この絶妙な曲線を街路に対して与えたのは、建築家ジョヴァンニ・バッティスタ・ノリで、これまで何度も参照しているノリの地図［2］の制作者である。

　道なりに下道を行くと左上に、**トリルッサ広場** piazza Trilussa がテヴェレ川に向かって開いている。ファシズムの時代を生きたトリルッサが大きな手振りで詩を朗読している像（1954）［3］は彫刻家ロレンツォ・フェッリのブロンズで、その右下の石板に詩がこう刻まれていた。

　　いつもの新聞を読んでいる時
　　大きな積みわらの影に寝そべって
　　私は豚を見て彼に言う―おさらばだ、豚！―
　　私はロバを見て彼に言う―おさらばだ、ロバ！―
　　この獣たちには僕のことは理解できないであろう
　　でも　少なくとも満足を覚える
　　ありのままのことを言えることを
　　刑務所に入れられることを恐れずに
　トラステヴェレは2人の詩人に見守られている。

オクタウィアエ回廊（東の側面）
2014.10.26　色鉛筆、グラファイト　181×281mm

III. 白い柱に寄り添って

　2014年10月26日、**オクタウィアエ回廊** Portico di Ottavia の正面の列柱門が大改修に入ったので、東の側面に回り込む[前頁]。回廊の側面を意識したのはこの時がはじめてである。この日から冬時間でスケッチの開始が出遅れたうえに、時々陽が射す厚い雲があって、左隣りにはマルケルス劇場 Teatro di Marcello がそびえ立っているので、午前中の陽はまるっきり当たらない。午後3時30分に正面の壁のエッジに光が入り、続いて3時40分に左端の白い1本の柱が逆光に浮かび上がった。しかし3時45分には、すべてが消えた。71年前の1943年10月16日、午後の1時ごろ、この街区に居住していた1020余名のユダヤ人が、スケッチをしている足元のキャンバス地の椅子の右横に拡がる、ちょっと低くなった廃墟の草むらに集められて、軍用トラックで運び出された。10月22日の深夜にアウシュヴィッツに着き、そのままガス室へ消えている。スケッチを中断して、右側の拡がりから眺め渡すと、ここからも、白い柱が見える。

　ローマのユダヤ人は、11世紀の末には右岸のトラステヴェレから左岸の市中にも移り住み、13のシナゴーグを造り、それぞれが独立した共同体を成していた。この共同体とローマ人のつき合いがなくなることはなく、ユダヤ人は医術や金融業で頭角を現し、12世紀には教皇庁で重要なポストを得た者まで出た。14世紀以降は大きなシナゴーグがあったトラステヴェレに追いやられていたユダヤ人の良き伝統や平穏な生活が、1555年のユダヤ人へのアパルトヘイト（人種隔離）としての［ゲットー］Ghetto の囲いの中に閉じ込められることになる。ゲットーは、1799年のナポレオン支配の一時期と、1849年のマッツィーニの5ヶ月間のローマ共和国の時に開放された以外は、1870年9月にイタリア王国政府にローマ市民として認められるまで、3世紀以上に渡って存続した。その後首都ローマの改造計画の一環として、1885年から1888年にかけて、ゲットーの街区は完全に取り壊された。記憶から消し去られたのである。

エットーレ・ロースラー・フランツ
《フィウマーラ通り》〈ゲットー〉
水彩

　物理的にゲットーの存在を消し去っても、消せない記憶がある。フランツはゲットー
の解体工事のはじまる5年前の1880年から取り壊しが完了する1年前の1887年にかけ
て、12枚の水彩画を物にしている。この時期に併行して撮った29枚の写真のゲットー
のうごめく人々はスローシャッターで消えかかっており、今となっては特別な意味が加
わってしまった。上の水彩画はフィウマーラ通りがテヴェレ川の氾濫で水没している様
子である。この通りはテヴェレ川に並行して走っていたが、1888年までの街区全体の
取り壊しと一緒に消えている。フィウマーラ通りと川岸はゲットーの中でも最も貧しい
人々が住んでいた地帯であるが、これらの家の基礎や通りの配置は、最近になって発見
されはじめている。実際ゲットーは完全に取り壊されたのではなく、通りのレベルまで
削られただけだったのである。最近のチンクェ・スコレ広場の配管工事の際に、ゲッ
トーの構造物が古代ローマのトライアヌス帝の時代の遺構に直接載っていることが発
見されている。また1555年にゲットーに指定された範囲は、ファルダのローマ地図の5
つの門の位置で確認できるが、ここでは範囲を北に拡げることにする。
　そして、この地区の名称であるが、ローマではゲットーという言葉は一般的には使わ
れず、「シナゴーグ辺り」とか言われているが、現在でもあえて、ゲットーと呼ぶことに
する。ゲットーこそローマそのものだからだ。理不尽で、傷だらけで。

G.B. ファルダのローマ地図 1676（中央の壁で囲まれている範囲がゲットー）

サンタ・マリア・デル・ピアント通り（左がサンタクローチェ邸）
2019.3.30

　サンタ・マリア・デル・ピアント通り via di S.Maria del Pianto をゲットーに入る道として選んだ。この通りはトラステヴェレから左岸に渡り、ガリバルディ橋のたもとから延びているアレヌラ通り via Arenula を 200m くらい行った右側に接続している。ここに旧ゲットーの門があった訳ではないが、車両進入禁止の鉄パイプで入りにくくなっているのがよい。そのままポルティコ・ドッターヴィア通り via Portico d'Ottavia になっていくのもよい。しかし何よりも、角に塔を組み込んだ、**サンタクローチェ邸** palazzeto Santacroce（1561）の基層にある先の尖ったピラミッド状の切り石の装飾が際立っている。古代ローマのクラウディウス帝（在位：41-54）の時期に流行したルスティカ（粗面仕上げ）を洗練化した形態にも見える。サンタクローチェ邸の、規模は小さいが品格を示すことにかけては意欲的な居住部分の正面に沿って行くと、かつてのジュディア（ユダヤ）広場があった辺りに出る。現在ローマ市中に散らばっているユダヤ人も、休日や特別な日になると、ここに、ジュディア広場に戻ってくる。

カルメロ礼拝堂
（ポルティコ・ドッターヴィア通りから）
2008.3.23

ロレンツォ・マニリオの邸宅
（ポルティコ・ドッターヴィア通りから）
2016.3.29

ロレンツォ・マニリオの邸宅（地上階）2011.3.29

カモシカに噛みつくライオン 2016.3.24

　北のコスタグティ広場 piazza Costaguti に抜ける通りに、館の壁から円形の輪郭で突き出た**カルメロ礼拝堂** Tempietto del Carmelo が際立っている。鉛シートに覆われた半ドーム屋根を支えているドリス式の柱の白さと、18世紀の錬鉄製の囲いとの対比が鮮やかだ。1759年に建てられ、礼拝堂の周りではユダヤ人の改宗を目的とする説教が行われていた。ここが異文化交流の場であったのかもしれない。

　ポルティコ・ドッターヴィア通りで一際目を引く建物は**ロレンツォ・マニリオの邸宅** casa di Lorenzo Manilio で、古代ローマの字体を模した長い碑文が建物の全長に渡って刻まれている。その碑文の最後に2221年の日付があり、この邸館が増改築された1468年の日付を伝承によるローマ建国の年（前753）から数えるなど、少し誇大妄想気味であるが、カモシカに噛みつくライオンやウサギを掴むイヌの石棺のレリーフを壁に埋め込むなど、古代ローマ愛に満ちている。一方では、この時期は古代ローマ建築を数学的、幾何学的に還元して、建築の輪郭の直接制御可能なシステムの確立期である。古代ローマに対する憧憬として、現在のローマの風景の中にはこれら2種類のあり方が同時に存在しているのだが、歴史は後者で組み立てられている。マニリオの邸宅の碑文の帯は、3つの異なる建物を見事に1つにまとめている。右側上層のアーチ窓には確かな細部があり、ただ歴史的な邸館が備えている、オーダーがないだけである。

ロレンツォ・マニリオの邸宅

（上層のアーチ窓、碑文の帯、地上階のライオン）

2016.3.29

[1]

[2]

[3]

　旧ゲットーが最後に拡張されたのは1823年で、マニリオの邸宅の東の角と、ポルティコ・ドッターヴィア通りのサンタンブロージョ通りの手前、そしてレジネッラ通り via della Reginella のおわる所に3つの門が追加された。5つの門で囲まれた旧ゲットーは消えているので、今見ることのできる旧ゲットーはレジネッラ通りだけである。通りの壁にはオブジェがちりばめられ、旧ゲットーと1943年10月16日の記憶の場を形成している[1]。

　その先に、小さなマッテイ広場 piazza Mattei が拡がり、その中央にタッデオ・ランディーニが建築家ジャコモ・デッラ・ポルタの下絵に基づいて彫刻した噴水、亀の泉 fontana delle Tartarughe (1581-1584) がある。ランディーニの彫刻（ブロンズ）は、4人の青年が片手でイルカを持ち、片手でカメを押し上げているような姿であり、その形態は流暢であるが、4人の引き伸ばされた身体の重なりが創るリズムは不安定で、見入ってしまう[2]。

　この広場の北の街区はマッテイ家の3つの邸館で占められている。ミケランジェロ・カエターニ通り via Michelangelo Caetani を行くと左に、マッテイ・ディ・ジョーヴェの邸館 palazzo Mattei di Giove (1598-1611) があり、マデルノが設計した中庭に入ると、古代彫刻の夥しいコレクションが建築と一体化している装飾のように扱われていて華やかである[3]。これがレジネッラ通りと至近距離にあることと、古代ローマのバルブス劇場（前13）の遺構の上に載っていることを想ってみる。

ミヌキア回廊のニンフの神殿の柱　2013.10.27　色鉛筆、鉛筆　281×181mm

中庭からミケランジェロ・カエターニ通りに出ると、ここからは見えないが、東側の街区では劇場に接するバルブス回廊 Crypta Balbi の発掘調査が継続している。旧ゲットーのあった辺りは、古代ローマにはフラミニウス競技場（前221）がテヴェレ川に沿って拡がっていて、特に紀元前1世紀後半に集中して、凱旋将軍はこぞってこの界隈から北に向かって［回廊］を造営した。回廊にはちょっとした覆いがあって、片側が外に向かって開いているので、そこでは、光や雨や風を制御することが可能である。しかし基本的には空白の機能で、重要な用途は持っていない。彫像が置かれた大きな回廊の下をぶらぶらと歩き、平穏な人生の楽しみを味わうことができる。元老院はポメリウムの外でしか扱えない案件を柱の陰で話し合っただろうか。血なまぐさい事件も、ここでは起きる。都市そのものの息吹がある場所であることは確かであるが、テヴェレ川に沿ったセルウィウスの城壁の外の土地を埋め尽くす程の機能ではない。

　凱旋将軍は地中海全域を支配下に置いていく過程で、自分たちの都市ローマ、重要な施設が集中しているフォルム・ロマヌム（フォロ・ロマーノ）の貧弱さを痛感させられ、ヘレニズム都市の広場に面して列柱が並ぶ景観を、この荒れ野の、麦畑の中に幾つかの神殿が点在する土地に、一気に築きたくなったのであろう。ヘレニズム世界のストアのような回廊空間は都市の中核を成すものであるが、この時点のローマの特殊性は、無計画に、ただ東西軸と南北軸を設定して、碁盤の目のように敷き並べたことである。低地で小川や沼のある自然の中に、都市の創造物である人工的で幾何学的な回廊を置くことで、そしてそれが、回廊であったことで、《十文字交差軸性》の秩序が与えられ、そこに働いている作用力が陰影の中から立ち現れた。後にローマが独自の都市化を遂げる、場所としての基底部が形成されていたのである。この辺りを歩くと、白い柱に出くわすのは、失われた回廊か神殿の柱を見ているのだ。

　2013年10月27日、ボッテーゲ・オスクーレ通り via delle Botteghe Oscure に面した**ミヌキア回廊のニンフの神殿の柱**を描くために、車道を挟んで座る。4m程掘り下げられた地盤に基壇があり、柱もこちらからだと1/3以上が見えないので、交通量の多い通りを何度も渡って覗き込んだ。2本のコリント式の柱がある辺りは、クラウディウス帝（在位：41-54）の時代には小麦配給所として使われていたらしい。スケッチの古代ローマの遺構以外は白く抜いているが、塔状の中世の住居の存在感に、色を入れる［前頁］。

左　マルガーニ邸の塔
　　（マルガーナ広場から）2007.3.31

下　マルガーニ邸
　　（地上階のイオニア式の柱）2011.3.29

　ボッテーゲ・オスクーレ通りを東に進み、ポラッキ通り via dei Polacchi に折れると、マルガーナ広場 piazza Margana に出る。14世紀から16世紀の外観のそろった建物で囲まれていて、山岳都市の広場のような持続した時間を感じる場所である。広場全体は底辺が25m 程、高さが50m 程の尖った三角形に近い形で、その広場の底辺の両脇の突出部に挟まれたテラスの凹みで、広場を受け止めているのが、**マルガーニ邸** casa del Margani（14世紀 -16世紀）で、右側には切断された塔を組み込んでいる。塔の右の門フレームは古代のコーニスの断片で造られ、塔の基層の壁には古代ローマの柱廊の一部が取り込まれていて、1本のイオニア式の柱が現されている。この邸宅のように塔によって要塞化した住居が見られるのは、古代ローマのアウレリアヌスの城壁による安全保障が機能しなくなり、中世の貴族や商人、教皇たちは個々に城塞を持ったからである。1480年のある夜に、マルガーニ邸の塔の前で、ゲットー地区で塔を所有していたサンタクローチェ家との確執がこじれて、惨劇となる。

上　トリブナ・ディ・カンピテッリ通り
　　（柱廊玄関とナゾーネ）2004.4.1

右　オクタウィアエ回廊の列柱門の裏側
　　（サンタンジェロ・イン・ペスケリーア通りから）2003 秋

　トリブナ・ディ・カンピテッリ通り via della tribuna di Campitelli が坂になって左に曲
がる辺りに、ちょっと不整形な拡がりがある。北のサンタ・マリア・イン・カンピテッリ
教会のアプス（後陣）の曲線と、南側のサンタンジェロ・イン・ペスケリーア教会のアプ
スの膨らみに挟まれた形である。通りに沿ってある柱廊玄関のドリス式の短柱の基部
の高さの変化と、通りに飛び出している柱廊の厚みが立体的である。厚み側の壁を背に
して、ナゾーネ（水飲み用の噴水）が途切れることなく水を出している。

　南の通りのくびれから**サンタンジェロ・イン・ペスケリーア通り** via di Sant'Angelo in
Pescheria のもう1つの不整形な拡がりに出ると、オクタウィアエ回廊の列柱門の裏側が
見える。その右側には、間口5m 位の、中世末期のスキエラ型住宅が、その細い単位を
はっきりと見せながら並んでいる。左側のサンタンジェロ・イン・ペスケリーア教会
（770）の壁と、スキエラ型住宅（1400年代）が、オクタウィアエ回廊（前27- 前23）を取
り込んで形成された、時間差が露出している、ローマらしい場所である。

列柱門のデッキ 2003 秋

オクタウィアエ回廊の列柱門（正面）2018.3.25

　オクタウィアエ回廊の列柱門の裏から、地盤面が4m程掘り下げられた上に架かっているデッキを通って、ポルティコ・ドッターヴィア通りに再び出る。1985年の春、ここで突然の豪雨をしのいだ時は、まだ掘り下げられておらず、フランツの水彩画のように道路レベルで繋がっていた。ここは旧ゲットーの囲いの外で、夜7時（夏は8時）まで、1880年から1887年の水彩画の中のユダヤ人は古着やリサイクル品を売り買いしている。列柱門の後の柱を取り込んだサンタンジェロ・イン・ペスケリーア教会の前では、中世以来、魚の市（ペスケリーア）が立って、1477年にナヴォーナ広場に移されるまでは、ローマの市民生活にとって重要な場所であった。この列柱門の辺りは、中世から旧ゲットーの時代を通して、その役割を変えながら現在まであり続けているが、古代ローマ時代には、前面119m×奥行132mの大回廊の中心に位置していた。奥行方向は現在のカンピテッリ広場 piazza di Campitelli を十分にカバーしているので、歩いてみると、その大きさが分かる。オクタウィアエ回廊は、それ以前からあったメテルス回廊（前146）を、アウグストゥス帝が紀元前27年から23年にかけて建替えたものであるが、191年に焼失し、現存する回廊は、セプティミウス・セウェルス帝が203年に再建したものである。列柱門から東に行くと、柱の列が12本、その断片や柱基で数えることができる。その突端にあるのが、2014年のスケッチの、白い柱である。

前頁　オクタウィアエ回廊の列柱門（西方向を見る）2018.3.28

マルケルス劇場（列柱門の東側アーチ越しに）2003 秋

上　マルケルス劇場（全景）2004.3.22
下　マルケルス劇場（下層のドリス式オーダー）2005.11.4

　列柱門の東側のアーチ越しに、**マルケルス劇場** Teatro di Marcello（前13）の観客席の上昇式筒型ヴォールトを受けていた2層アーチの壁が至近距離に現れる。劇場の円弧状の外周壁の一部が欠落していなければ、オクタウィアエ回廊の東隅の白い柱から3mも離れていない。当時はトラヴァーチン石で覆われていたが、遺構の切断面から骨組みの素生は丸見えである。《ローマ・コンクリート》の建築への使用に関しては、古代ローマ人は慎重で、テスタッチョ地区の大倉庫ポルティクス・アエミリア（前193）にはじまって、港湾施設、水道橋や下水道などの都市基盤施設に限定している段階から、劇場、闘技場や浴場と、古代ローマ特有の建築タイプを形成する段階に入っていた。マルケルス劇場でローマ・コンクリートが発達した点は、連続アーチのスパンが大きくなったこと、観客席の筒型ヴォールトの下に回廊を設けるなど複雑で有機的な構造を可能にしていること、を挙げることができるが、一方でこの時期は石材による柱やエンタブラチュア（軒組み）の出が、更に強調されている。

周りを見渡すと、マルケルス劇場から5.5mしか離れていないアポロ・ソシアヌス神殿（前25頃）の南東隅の3本の円柱がコリント式の柱頭と持ち送りによって突き出たコーニス（軒組みの最上部の軒蛇腹<ruby>軒蛇腹<rt>のきじゃばら</rt></ruby>）を見せている。オクタウィアエ回廊（前27- 前23）の列柱門では、細長いコリント式の柱が碑文が刻まれたアーキトレーヴ<ruby>軒桁<rt>のきげた</rt></ruby>（軒桁）を支えている。マルケルス劇場（前13）の下層のアーチに添えられたドリス式の柱のエンタブラチュア（軒組み）に縦溝3本の装飾が、上層のアーチのイオニア式の付柱のコーニスには歯形飾りが確認できる。この3つの建築の共通点は、ほぼ同時期に築かれたことと、［**オーダー**］（柱と軒組みからなる要素）を積極的に採用していることである。

　オーダーは、石材が容易に入手できたギリシア古典期（前5世紀）の、石の建築法として、建築の外形を組み上げていく一種の装置として働いた。それがヘレニズム期（前4世紀 - 前1世紀）に粘土やレンガのアーチ構造の伝統をもっていた小アジアやシリア、エジプトに扶植されて、解体、再構築を繰り返すことになる。ヘレニズム末期のその世界の中心はローマであり、ローマはオーダーと、この時期に直に触れるのである。ギリシアからヘレニズム世界、そしてローマへのオーダーの変化は、要素としてのオーダーは種から類型に、統合法としてのオーダーはグリッド配列から中心軸と《十文字交差軸性》へ、要素間の関係としては尺度体系から背後の壁体を含めた全体化へと向かった。16世紀にオーダーを方法として体系化した建築家ヴィニョーラ（1507-1573）が、5つのオーダーを図版として整序するためには、美の規準となるべき5つの範例が必要となる。要素としてのオーダーはギリシアの古典期に2.5/5が創られているが、その後のヘレニズム諸都市からローマに至る過程で、その尺度体系や使用法は変化し、コンポジット式のような新種のオーダーも含めて、15世紀から16世紀の建築のカノンとなる5つのオーダーの範例は、総て古代ローマの遺構の中にあったのである。

　現在のマルケルス劇場の3層部分には建築家ペルッツィ（1481-1536）の設計によるサヴェッリ家の邸館が築かれている。第1層部はムッソリーニの戦略的道路「海の道」（1932）の開設時の発掘調査で出土している。欠落しているトラヴァーチン石の行方は、テヴェレ川の中州から右岸のトラステヴェレに架かっていたケスティウス橋の修理（370）に使われている。保存する意志がなくても、貴族の館が載ることで、ムッソリーニの野望で、その建材が転用されることで、古代ローマ建築は残っている。

ロット橋
（ティベリーナ島の突端から）
2011.10.30
色鉛筆、鉛筆 181×281mm

　2011年10月30日、**ロット橋** ponte Rotto（壊れた橋）を描くために、ティベリーナ島 Isola Tiberina の南東の円弧状の突端に座る。午後の高い陽の逆光がよい。陽が傾く前に影をテヴェレ川に赤で入れはじめた。この辺りで川が急激に右に曲がっていて、激しい水流の音が聞こえるが、先程から誰もいないのと、顔に陽を正面から受けて、永遠の夏休みのような無時間的時間の中に居る。橋は川岸のラインから判断すると不思議な角度で振れているが、1887年からの護岸工事以前の地図で見ると、右岸がもっと張り出していて、納まりは悪くない。フランツの1883年の水彩画には、右岸に向かう3つのアーチが確認できる。古代ローマには、後2つのアーチが左岸の方にあって、全体は5スパンのアエミリウス橋（前142）と呼ばれた橋であった。1598年に崩壊したが再建されず、ロット橋となった。その背後には、パラティーノ橋 ponte Palatino（1886-1890）が全長155.5mをスチールの細かいメンバーを格子状に組んだ桁で軽やかに飛んでいる。このヴォイドとロット橋のソリッドの対照は鮮やかだ。

サン・ニコラ・イン・カルチェレ教会（南側面）
2012.3.26 色鉛筆、鉛筆 181×281mm

サン・ニコラ・イン・カルチェレ教会 (北側面) 1999 春

3 基の神殿平面図

（図中）
ヤヌス神殿
ユノ・ソスピタ神殿
スペスの神殿
サン・ニコラ・イン・カルチェレ教会

　2012年3月26日、**サン・ニコラ・イン・カルチェレ教会** San Nicola in Carcere の南側面を描くために、フォロ・オリトリオ通り via del Foro Olitorio の、椅子を安定させるのが心もとない坂道に座る［前頁］。中央の突出部のドーム屋根と壁面の段差で偶然できる形も魅力的だが、右側の壁面のドリス式のオーダーの露出部は際立っている。1985年の春のはじめてのローマの手帖に、この場所で、［**時間差**］とだけ走り書いていた。時間差と言っても世紀を越える時間差であるが、それが造り出した形態に、まず驚き、ひもといて、時間差によって積み重なった層をばらすことが、ローマの見方だとはじめから思えた。1999年の春に撮影したモノクロームのプリントには、北側面の壁から削り出したイオニア式の柱とアーキトレーヴが確認できる。現在の教会は中世の鐘塔を残して、ジャコモ・デッラ・ポルタが1599年に徹底的に改修し、正面を加えている。その特殊性は、1つの教会にローマ共和政時代の3つの神殿を組み込んでいることである。南側が小振りなスペス（希望）の神殿で、その右側の列柱が教会の左（南）に露出し、北側の大きなヤヌス神殿の左側のオーダーは教会の右（北）の壁面を支えて、中央のユノ・ソスピタ神殿の柱廊は教会の内部に取り込まれて、身廊と側廊を隔てている。

　ローマの教会が古代ローマの遺構を、壁の中、内部空間や地下に組み込み、隠蔽することで、双方がそこに存在している。

凱旋の回廊（白い1本の柱）2013.3.23 色鉛筆、鉛筆 281×181mm

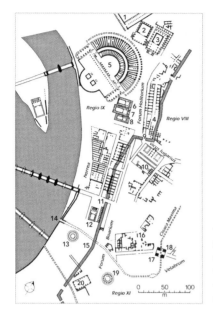

フォロ・オリトリオ通り（凱旋の回廊越しに）2006.3.30

1. オクタウィアエ回廊　2. アポロ・ソシアヌス神殿　3. ベロナ神殿　4. 凱旋の回廊
5. マルケルス劇場　6. ヤヌス神殿　7. ユノ・ソスピタ神殿　8. スペス（希望）の神殿
9. カルメンタ門　10. フォルトゥナとマテル・マトゥタの神殿　11. 穀物市場の門
12. ポルトゥヌスの神殿　13. 征服者ヘラクレスの神殿　14. クロアカ・マクシマ
15. セルウィウスの城壁　16. 皇帝の施設　17. ヤヌス門　18. 両替商のアーチ
19. アエミリウスのヘラクレス神殿　20. サンタ・マリア・イン・コスメディン教会の回廊

　2013年3月23日、古代ローマのフォルム・ホリトリウム（青物市場）に隣接してあっ
た**凱旋の回廊**［上左図中4］の1本の白い柱を描こうとしたが、座る位置を固定できない。
フォロ・オリトリオ通りの、3つの神殿［同6、7、8］を取り込んだ教会の側面の坂道から
は白い柱が見えるが、離れ過ぎている。坂道を下りて近く寄ると、半円柱が添えてある
2連アーチに隠れてしまう。裏に回り込んで地形が1.5mくらい上がった所に座ると、
白い柱が右に見えるだけでなく、回廊の空間が立ち現れた。現在では、この角から北に
100m以上伸びていた、凱旋将軍の記念としての回廊の一部と同定されている。建立は
マルケルス劇場［同5］と同時期であり、凱旋の回廊のすぐ南にはカルメンタ門［同9］が
古代には存在していて、回廊と劇場はセルウィウスの城壁［同15］の外にあった。

　スケッチ［前頁］の手前には道らしきものが続いているが、古代ローマには、ここに、
あるいはここと並行して、ユガリウスと呼ばれた軛職人（牛馬の首にかけて車を引か
せる横木を作る人）の小路があった。古代のヴィーコロである。

ヤヌス門（右にサン・ジョルジョ・イン・ヴェラブロ教会）
2013.3.25 色鉛筆、鉛筆 181×281mm

クレシェンツィ邸（全景）2007.3.31

クレシェンツィ邸（西側角の細部）2012.3.25

　テアトロ・ディ・マルチェッロ通り、ペトロセッリ通り via Petroselli、と今日改名されている、幅員30m弱の大通りに出る。この道は1930年代にムッソリーニが計画した「海の道」の一部で、「イタリア帝国」の地中海、アフリカへの拡大を射程に入れていた。動機がどうであれ、マルケルス劇場のドリス式の第1層部を4m下の土中から出土したのも、サン・ニコラ・イン・カルチェレ教会の北側壁面から神殿のオーダーを削り出したのも、凱旋の回廊にまとわりついていた中世の建物を取り払ったのも、「海の道」開設と併行した、古代ローマの遺構の発掘調査と修復事業に依っている。ムッソリーニは、古代ローマと「イタリア帝国」の連続性を保証するために「海の道」だけではなく、そこにファシズム建築も建造している。その120mにも及ぶ戸籍局の正面に沿って、ペトロセッリ通りを行くと、その角の**クレシェンツィ邸** casa dei Crescenzi（1040-1065）が興味深い。古代の建築の断片を、部位や序列を考慮せず、おおらかにコラージュしていながら全体性を獲得しているからだ。そこからボッカ・デッラ・ヴェリタ広場を経由して、2013年3月25日、**ヤヌス門** arco di Giano の裏に回り込む。道を跨いだ四面のアーチを結んでいる交差ヴォールトも勢いがあるが、右横のサン・ジョルジョ・イン・ヴェラブロ教会 S. Giorgio in Velablo の12世紀につけられたイオニア式の柱廊玄関が、あまりにも端整で静かだったので、そっと鉛筆を入れる［前頁］。

ポルトゥヌス神殿（北正面）
2012.10.28 色鉛筆、グラファイト 181×281mm

中央にポルトゥヌス神殿（南面）、左に征服者ヘラクレスの神殿 2006.10.29

征服者ヘラクレスの神殿 2006.10.29

　2012年10月28日、**ポルトゥヌス神殿** Tempio di Portunus（前1世紀に改修）の正面に陣取る。この時期の神殿は東向きが多いが、北が正面なので、写真よりもスケッチだと確信しつつ、手が動かない。頭のどこかで神殿の寸法関係は厳格なものと思い込んでいるので、いいかげんなものとして疑ってみると、正面の4本のイオニア式の柱はトラヴァーチン石であるが、ケッラ（神室）の側面の半円柱は石をかたどった漆喰で似せてある。ついでに、右の奥にある、当時のヘレニズム世界では定形の、**征服者ヘラクレスの神殿** Tempio di Hercules Victor（前1世紀）も疑って見ると、円筒形のケッラを囲んでいる20本の大理石の円柱は、エンタブラチュア（軒組み）が失われていて、軽鉄の骨組みの薄い皿を伏せたような屋根で繋ぎ留められている。美しいと見てしまうのは、この省略された補修の形態が現在と接続しているからだろう。この辺りは、古代にはフォルム・ボアリウム（家畜市場）と呼ばれ、畜肉以外の食材もすべてがここにあり、ローマの胃袋のような場所であった。円形神殿の呼称のヘラクレスはオリーブ油商人の守護神であり、長方形の神殿のポルトゥヌスは港の神で、現在の戸籍局の裏にあったティベリウス港にその正面を向けている。この2つの神殿は多少安普請で定形の写しであっても、商人たちが幸せを求めて、市場を挟むようにして建立した。

　スケッチ［前頁］の何も描いていない、白い余白に、この市場の労働の熱気を想った。

ロッカ・サヴェッラ坂からの眺め
2012.3.23 色鉛筆、グラファイト 181×281mm

IV. 弟分の丘から身を乗り出して

　ボッカ・デッラ・ヴェリタ広場から南を見上げると、高さが30m以上の崖地が切り立っている。地勢そのものが要塞のような**アヴェンティーノ丘** Monte Aventino である。この丘の要塞的機能のはじまりは、伝承であるが、紀元前753年にロムルスの弟レムスがこの難攻不落の丘に陣取り、共和政初期には、世襲貴族や政治的指導者に対して、職人や商人、小地主などの平民階級の牙城となった。この古代ローマの記憶は、その後幾度となく現れ、ファシズム期の「アヴェンティーノの分離」まで続く。都市の記憶の中では、この丘は大衆の魂と結び付いたままであった。また中世には、サヴェッリ家がこの丘を1285年から1287年にかけて要塞化している。その名称で呼ばれている坂道が、**ロッカ・サヴェッラ坂** clivo di Rocca Savella で、ここから丘に入ることにする。階段を十数段上り、坂道を円弧を描く壁に沿って曲がり込むと、全長110mに対して15m程上がっている直線の坂道があり、僅かに雁行している高い壁に沿って進むと、正面の扉が閉まったままの要塞の壁に向かって、4mくらい上る幅の広い階段がある。振り返ると、2012年3月23日、坂の軸の延長にあるカンピドリオの塔から左にパノラマが拡がっていて、近景の坂道の壁と樹木で中景は吹っ飛び、遠景と直に接続しているのがよい［前頁］。先程来、背中で、ぶつぶつと、明らかに旅行者の身なりの、ここの大気を吸い込んでそのままホームレスになったような人が、階段を飛び跳ねながら、ここが、自分の場所であることを主張している。坂の途中にキャンバス地の椅子を置いて、自身の場所を定めてみたが、スケッチをしながら、鳩に話しかけている自分に気づいて、階段も、ここも、彼女の場所だと、素直に思えた。

　階段の手前を左に直角に折れると、坂道はまだ続き、途中から振り返って眺めると、左の高い要塞の壁には銃眼や四角い小塔が配されていて、1888年のフランツの水彩画と少しも変わらない坂道が、中世から持続していた。

上
ロッカ・サヴェッラ坂
（北東側を見る）
2013.10.26

下
ロッカ・サヴェッラ坂
（南東に 90 度折れる）
2010.3.27

ピエトロ・ディッリリア広場 2010.3.27　　　　サヴェッロ公園 2014.10.24　　　　サヴェッロ公園 (ルンゴテヴェレから見上げる)
　　2017.10.26

　ピエトロ・ディッリリア広場の噴水 fontanella di p.za P.d'Illiria の、畝のあるまつげと厚い口ひげの怪人のレリーフ（マスケローネ）は、1593年にジャコモ・デッラ・ポルタがマルケルス劇場の脇のモンタナーラ広場（「海の道」の開設で消失）の噴水のためにデザインしたが、カンポ・ヴァッチーノ（フォロ・ロマーノ）の牛の水飲み場に飾られたり、テヴェレ川右岸のレオーニ港（護岸工事で消失）の噴水に使用されたりした後、1890年からは市の倉庫で眠っていた。1936年に建築家アントニオ・ムニョスがこの大理石のマスケローネと古代ローマの花崗岩の泉水盤を再構成したものが、ここにある。貝殻の彫刻で縁取られたマスケローネが壁のニッチの凹みに添えられて、二重のフレームを持ち、据わりがよい。ここが、マスケローネの最終的な着地点であろう。

　噴水の右の開口から要塞の境界内に入ると、「オレンジの庭」の愛称で親しまれている**サヴェッロ公園** parco Savello が7800㎡にわたって拡がっている。1932年にサヴェッリ家の要塞の遺構をローマ市営の公園として整備したのは、ラッファエレ・デ・ヴィコで、隣接しているサンタ・サビーナ教会の回廊にある聖ドミニコが植えたと伝えられるオレンジの木との関係でオレンジが選択されたことは、デ・ヴィコらしい応答であるが、評価されるべきは、展望の視野として、右45度にピンチョの丘、左45度にジャニコロの丘と、90度の視野角の中に、ローマを包含する新たな視点を与えたことである。

上　マルタ騎士団広場
　　（門のあるスクリーン壁）
　　2004.10.31

右　マルタ騎士団広場
　　（記念柱）
　　2017.10.26

　サンタ・サビーナ通りを教会と邸館の間を抜けて300m 程進むと、**マルタ騎士団広場**
piazza dei Cavalieri di Malta がある。このまま進むと、マルモラータ通りに、30m 落ちた、
と想うだけで、25m×50m くらいのパレット状の空中広場にいる感覚になる。この心許
なさは、広場が置かれている状況だけでなく、夥しいエッチングの線によって平面の宇
宙を築いてきた版画家 G.B. ピラネージ（1720-1778）の立体作品を目の当たりにしてい
るからだ。1764年から1766年にかけて建設された、この広場のデザインと、その門と
壁によって遮られている**サンタ・マリア・デル・プリオラート教会** S. Maria del Priorato
は、ピラネージの唯一の建築作品である。この時期のエッチング制作は、観光客相手の
景観画として人気のあった『ローマの景観』のシリーズから、1752年頃からはじまる第
2期の作品群『ローマの遺蹟』に移行しており、その特徴は、空と、周辺の建物を、あえ
て描かなくなったことである。ノリやファルダの地図を参照しても、遺構だけがある風
景は18世紀の当時にも、古代ローマにも存在しない、どこにもない風景である。

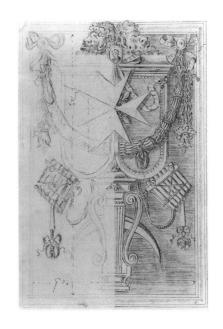

マルタ騎士団広場（記念碑）2013.10.26

ピラネージによる記念碑のドローイング

　描けなくて空白だらけの自身のスケッチを見ると、ピラネージが何を省略しているのかが実感できる。第2期のピラネージは古代ローマの遺構を掴むために、スケッチをして、実測している。ここまででも、息が詰まる。土に隠れて見えない部分は発掘し、碑文を写し、寸法入りの図面を起こし、構法の切断面図を導き出して、そして、200枚以上の巨大な銅版画に写すという作業を、思い浮かべるだけで、また息が詰まる。寸法が入れられない空や、入れる意味のない周辺の建物を、最低限の表現に抑えるのは当然であろう。この時期のピラネージは、建築を造る前から、建築家であった。

　マルタ騎士団広場の記念柱や門を飾るモチーフは、ピラネージの古代の壺や燭台、石碑のシリーズの記憶のカタログと、騎士団の象徴と紋章によって構成されているが、エッチングで立体感を現さない線までもが物質性を持ち、クロス・ハッチングの陰影が自然光で変化して、衝突している線が、レリーフでは、空白を生み出している。得体の知れない、心許なさは、この空白の張り詰めた感覚か、と訝った。

マルタ騎士団広場
（南東側のスクリーン壁のレリーフ）
2008.10.11

上 インスラ（ルンゴテヴェレから見上げる）
2017.10.26

左 サンタ・マリア・デル・プリオラート教会
（スブリチョ橋から見上げる）
2003.3.16

　サンタ・マリア・デル・プリオラート教会の正面は、30m下のエンポリオ広場からは
見えず、スブリチョ橋をトラステヴェレ側に渡る途中から見えはじめる。丸窓の両側
に溝のある付柱が2本ずつ配され、その周りの壁や破風の中にも、夥しい数の線が溝と
なって密度を含んで存在しているにもかかわらず、多数が1に、そして0の表面に還元
されたような均質性をもって現れている。古代ローマの建築に憑かれて、絶えず建築的
思考で制作したピラネージは、教会が完成した翌年には騎士の称号を授与され、立入禁
止のこの教会の中で、建築家として、埋葬されている。

　アヴェンティーノ丘の斜面を見上げながら、テヴェレ川沿いのルンゴテヴェレを歩い
ていると、切り立った崖にへばりついている、4、5階建ての［**インスラ**］（古代ローマ
の集合住宅）の遺構が幾つか現れる。自然の地形ですら修正してしまう《ローマ・コ
ンクリート》に驚いて30m上を見上げると、サヴェッロ公園の2人が、都市ローマが輝
き出すのを見ている。物見台から身を乗り出して。

上
サンタンセルモ通り
2017.10.28

左
ポルタ・ラヴェルナーレ通り
2013.10.26

手前にサンタンセルモ教会の門、奥にマルタ騎士団広場 2017.10.28　　　　郵便局の回廊 2015.3.30

　アヴェンティーノ丘は、テヴェレ川に面した北西の縁を基準線として、南東の窪地に向かって下がっている。この勾配のヴィスタは変化に富んでいる。サンタンセルモ教会 Sant'Anselmo の門を過ぎて、**ポルタ・ラヴェルナーレ通り** via di Porta Lavernale の坂道の庭木の影と弁柄色に輝く塀の対照が鮮やかで、左に折れると、**サンタンセルモ通り**の坂がカーブしながら段々と変化していく塀の重なりは、塀だからこそ可能な造形である。アヴェンティーノ丘が塀によって特徴づけられるのは、中世から20世紀の初頭まで、教会と修道院以外は一面が菜園と果樹園だった土地を、1931年の都市計画によって、上層階級用の住宅タイプの地域に色分けされた時に決定的になる。その住宅タイプは田園地帯の、ヴィッラ、ヴィッリーニ（庭つきの屋敷、小邸宅）を採用したので、都市ローマの住宅地では珍しく、塀が続くのである。

　ポルタ・ラヴェルナーレ通りを下り切ると、**マルモラータ通りの郵便局** pal. Postale（1933-1934）が際立っている。郵便事業を推進したファシズム政策の一環として計画されたが、建築家リベラは、この郵便局に、先端のモダンと古典を寄り添わせることで、普遍性を獲得している。古典的な形式の回廊が、磨かれた黒い御影石と反射性の材料を与えられて、内と外を重ねる装置に変容している。回廊を抜けると、ピラミデのスケッチのために座った、はじまりの場所に出る。

上　ボッロミーニ通り　2015.3.30

右上　ブラマンテ通り　2015.3.30

右下　ピラネージ通り　2015.3.30

　　小アヴェンティーノ Piccolo Aventino はピラミデ・チェスティア大通りが走る窪地に
隔てられた、東に拡がる小さな丘で、ジョット大通りを、右にアウレリアヌスの城壁を
見ながら、左側を上っていくと、丘に接続している道が次々と現れる。ボッロミーニ通
り、パッラーディオ通り、ジャコモ・デッラ・ポルタ通り、ブラマンテ通り、ピラネージ
通り、アルベルティ通り、とまるで建築史か美術史だ。どの道から入ってもよい。ジョッ
ト大通りに面した辺りには、4、5階建ての中庭を囲むブロックタイプの集合住宅が配さ
れ、階段や坂を上っていくと、段々と階数が減り、丘の最上部では、2階建ての低層住宅
タイプが拡がっている。天空に水平面があって、建物を切り取ったように、その高さが
決められている。設計したのは、テスタッチョ地区の開発で触れた、ICP（住宅公団）の
クァドリオ・ピラニ（1878-1970）で、小アヴェンティーノの庶民住宅地区の計画のは
じまりの1907年には29歳であったが、第1次世界大戦中も建設は進行し、ピラニ45歳
の1923年まで続く。

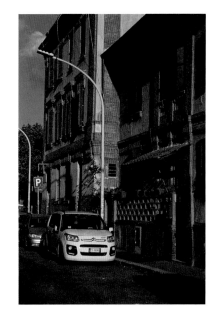

上　ベルニーニ広場　2015.3.30

右　マデルノ通り　2017.11.1

　この一帯は、小アヴェンティーノの丘の中心に位置する教会の名称で、サン・サーバ San Saba と呼ばれており、教会と隣接する**ベルニーニ広場**が丘の下からの道をすべて受け止めている。広場の周りは2階建ての労働者階級の住宅タイプであるが、ピラニが与えたスケールが絶妙で、今日でも「人間とスケール」の建築の例として再評価されている。最小限低層住宅は、安い家賃で衛生的、便利でありさえすればよいのだが、適切なスケールが、単なる寸法関係を超えて、この労働者の家に、尊厳という形容詞を与えている。煉瓦による様々なタイプの細部と荒い漆喰塗りの対照で築かれた、小さな家々は、どの時代にも搦め捕られることはなく、進歩的な国際近代様式のハウジングのように古びることもなく、無時間的に持続している。ピラニは丘に集合住宅を計画したのではなく、イタリア中部の山岳都市のように、丘と建築が一体化している、「場所」を築いているのだ。遠い記憶と出会っているような、ここに居たくて、ローマの中心部に隠された本物の「場所」に、度々来るようになる。

セルウィウスの城壁（マンリオ・ジェルソミニ大通り）
2013.10.25 色鉛筆、鉛筆 181×281mm

エットーレ・ロースラー・フランツ
〈サン・サーバ教会〉
1881 水彩

　中世から増改築されてきた**サン・サーバ教会**の、1463年に付加された、白いロッジア
が、フランツの絵のように通りから見えないのは、道路面が4m下がったからだと気づ
いて、日陰のあるサン・サーバ通りを下ると、2つの丘の窪地にある、アルバニア広場
piazza Albania に出る。2013年10月25日、**マンリオ・ジェルソミニ大通りのセルウィ
ウスの城壁** Mura Serviane di viale Manlio Gelsomini がアヴェンティーノ丘の麓に現れる。
目の前にフェンスがあり、背中側は生い茂った街路樹で塞がれているので、鉄柵にへば
りつくようにして座る。遺構の長さは35m以上あり、引きは3mくらいしかないので、
頭を右に左に回して描いていると、まっすぐな壁が、次第にカーブしてきた。城壁の
表面のトゥーフォ（凝灰石）は、テルミニ駅前のセルウィウスの城壁より小振りで、特に
アーチの薄い石の厚みが、その抜けを際立たせている。航空写真で確認すると2列の石
の壁を前後に並べて型枠とした《ローマン・コンクリート》構造で、巨石積みに負って
いる他のセルウィウスの城壁とは構法が異なっている。セルウィウスの城壁が7つの丘
を取り巻いて築かれたのは、紀元前380年頃で、レムスの不運なアヴェンティーノ丘は城
壁の外にあった。クラウディウス帝がアヴェンティーノ丘を市街地として、セルウィウ
スの城壁を建造したのは、400年以上後の紀元47年で、この時期の建造物構法の主流は、
《ローマン・コンクリート》であった。

トルローニアの小屋 (ディアナ神殿広場から) 2017.10.25　　　　　　　　　　G.B. ファルダのローマ地図 1676

　セルウィウスの城壁から回り込むようにして、サンタンセルモ通りのカーブした坂から、再びアヴェンティーノ丘に分け入ると、右に左に、城壁の断片が現れる。この丘では、ヴィッラ、ヴィッリーニの住宅タイプの、近代化が遅れたローマ建築の、モダンに回収されない残余ばかりを目にしてきたが、ディアナ神殿広場 p.za d. Tempio di Diana の南西側に、用途不明の外観をした、**トルローニアの小屋** casale Torlonia がある。煉瓦壁の箇所では、その持ち送りの装飾やテラスの細部によって、貴族か金持ち商人の家のようで、荒い漆喰仕上げの壁に規則正しく並んでいる鎧戸は修道院のようである。ある角度から見ると、ラツィオの平原にぽつぽつとある農家や納屋でしかない。

　この辺りは、古代ローマのデキウス帝（在位：249-251）の浴場があった場所で、パッラーディオの素描図面が残されている。16世紀には、その地表面に浴場の遺構が現れていたことになるが、1676年のファルダの地図には葡萄畑と小屋しかなく、1748年のノリの地図には2棟のイエズス会の施設がはっきりと読み取れる。1860年に、トルローニア家が購入し、現在は、側面に古い礼拝堂を含む2階建ての共同住宅、複合施設となっている。この葡萄畑と建物を所有してきた、個人や団体の性格や趣味や財力によって、接ぎ木のように増改築された、その切断面に、アヴェンティーノ丘の歴史と素生が潜んでいる。

右
パラティーノ丘
（アヴェンティーノ丘から）
2008.11.1

下
皇帝たちの館（パラティーノ丘）
（アヴェンティーノ丘から）
2004.10.31

皇帝たちの館（パラティーノ丘）
2011.3.27　色鉛筆、鉛筆　181×281mm

古代ローマの重歩兵の隊列（大競技場跡）2011.3.27　　　　　　　　マッツィーニの像 2019.10.27

　プブリキウスの坂道 clivo dei Publicii の、古代ではじめて舗装された石畳を下りてい
くと、2011年3月27日、パラティーノ丘 Monte Palatino の全長300m 以上に及ぶ、通称**皇
帝たちの館** palazzi Imperiali、実は公邸と官邸から成る古代ローマの政治の中枢機能を
担った施設、を描くのに丁度よい所にあるトラヴァーチン石のベンチに座る。掛け声と
共に、12m 下の大競技場跡で、頑丈な武具で身を固めた古代ローマの重歩兵が隊列を組
んで戦う練習をしている。横を見ると、同じベンチに座って、スペイン人の画家が水彩
用具を開きはじめた。背中には、先程来、**マッツィーニの像**からの視線があって、何や
ら騒がしくなってきた。ジュゼッペ・マッツィーニ（1805-1872）は「人民のローマの理
念」を掲げて、共和政によるイタリア統一を目指したが、その後の体制の、サヴォイア
王家による君主制においても、ムッソリーニのファシズム体制下においても、理念を都
合よく解釈されて、マッツィーニはその都度担ぎ上げられた。今日、ウーゴ・ラ・マル
ファ広場 piazzale Ugo La Malfa と改名された広場は、ファシズム期に形成され、そこに、
君主制時代のフリーメーソンの彫刻家エットーレ・フェッラーリによるブロンズ像と高い
大理石の台座が再構成されて据えられるのは、マッツィーニの5ヶ月間のローマ共和国
（1849）から百年後の1949年、イタリアが共和国となった後である。マッツィーニは、弟
分の丘から、ロムルスの丘の皇帝たちの館が、夕暮れるのを見ている。

大競技場チルクス・マクシムス（南東端から観客席跡を望む）
2019.3.24 色鉛筆、グラファイト 181×281mm

V. 水道橋を追いかけて

　2019年3月24日、アヴェンティーノ丘とパラティーノ丘に挟まれた谷にある、大競技場**チルクス・マクシムス** Circo Massimo（前6世紀）の東南端の大きく湾曲している観客席（カウェア）を描くために、円弧の膨らみの中央、ティトゥス帝の門があった辺りに座る。上のポルタ・カペーナ広場 piazza Porta Capena からは、競技場の一部を要塞化した中世の塔が目立っていたが、ここからだと、左に延長していく観客席を支えていた上昇式筒形ヴォールトの勢いと、そこへアプローチしている上階の環状筒形ヴォールトの通路を実感できる。いずれも、ハドリアヌス帝（在位：117-138）の時代の《ローマン・コンクリート》で築かれている。近年の補修、整備によって、2016年の秋から、そこを通れるだけでなく、円弧の外周が当時の街路レベルまで掘り下げられて、観客席の下にある店舗や公衆トイレ、インスラが露わになった。ここを歩いていると、古代ローマの街路に居て、ここが火元かと、訝る。紀元64年7月19日の日没ごろ、最初の火事がこの街路の店からはじまって、すべての方向に同心円を拡大していくように燃え拡がり、都市ローマの1/3を6日間で壊滅状態にした、ローマの大火である。ネロ帝（在位：54-68）の時代の緊急事態への対応と復興計画は、その後のローマの整備計画に影響を及ぼす程核心を突いていた。その1つは、それまでの水道に加えて、クラウディア水道の水をマッジョーレ門の直前で分岐し、チェリオ丘 Monte Celio を全長2km で横断する、**ネロ帝の水道アーチ**である。水の流れとは逆方向に追いかけてみよう。

　チェリオ丘の南西端にあるポルタ・カペーナ広場で、セルウィウスの城壁の**カペーナ門**を探すも、一向に見つからない。2014年の春の雨が静かに降る朝、広場とヴァッレ・デッレ・カメネ通り via di Valle delle Camene の間に、聖なる樫（かし）の森を背景に、いつもそこにあって、どこまでが自然で、人工物なのか、弁別不能の断片が現れた。白い石のプレートには、ここがアッピア街道の起点である、と刻まれている。

アッピア街道の起点
（ポルタ・カペーナ広場から）
2014.3.26

ÉLÉVATION DES TROIS CHAPELLES CI-DESSOUS.

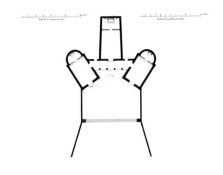

P.M. ルタルイー「3つの礼拝堂（サン・グレゴリオ・マーニョ教会附属）図面」
（Edifices De Rome Moderne より）

上　3つの礼拝堂（菜園越しに）2017.3.24
下　サンタ・バルバラ礼拝堂（内観）2007.10.28

　雑草が生い茂っている、サン・グレゴリオのゆるい登り坂 salita di S. Gregorio を行く
と、大階段の上にそびえるサン・グレゴリオ・マーニョ教会正面の左にある、教会附属
の3つの小さな礼拝堂が興味深い。ハの字に開いた双子の礼拝堂正面を、その奥で回廊
で繋いで、中心の背後にもう1つの礼拝堂が正面を向いている。単純な構成であるが、
外部の前庭に向かって、内部のような「場所」を築いている。3つの礼拝堂のうち、左
の**サンタ・バルバラ礼拝堂** Oratorio di Santa Barbara に入ると、中央に石のテーブルが
あり、周囲には聖グレゴリウスが貧者を招いて食事をした情景等の壁画があって、奥に
はグレゴリウスの彫像が控えている。この3種類の提示は具体的で、物語を伝えるには
効果的である。特に石のテーブルは存在感があり、ここが、その「場所」である、と主
張している。

　礼拝堂のあるチェリオ丘の斜面で、今日も、サン・グレゴリオ修道会の修道士が野菜
の栽培を続けている。1573年以来、この丘の斜面で、営々と。

　パラティーノ丘の斜面に目を移すと、丘に突き刺さるように入っている遺構が見える。この［**水道アーチ**］の遺構は、セプティミウス・セウェルス帝（在位：193-211）によって建造され、当時はローマ文明博物館の模型のように、4層アーチで、谷底からは42mの高さがあり、現在は半分の2層アーチが残っている。この4層アーチ以前は、ネロ帝の水道アーチで運ばれた水は、チェリオ丘の斜面から谷を通って、パラティーノ丘の斜面までの425mの区間を、太い鉛管によるサイホン方式で導かれた。ネロ帝の水道アーチによって、チェリオ丘、パラティーノ丘に加えて、アヴェンティーノ丘とテヴェレ川右岸への十分な給水が可能となり、都市ローマの中を、2km走るその雄姿は、古代ローマ人のポメリウムという聖なる境界設定を拡げる程、支配的であった。

　振り返ると、2012年3月28日、真横からの光の、**スカウロ坂** clivo di Scauro に座る。落日の僅かな光で、スケッチする手が素早く動く。中世のアーチが重なって、この坂道は、古代から続いていき、今の日没は、午後7時35分である。

スカウロ坂 2012.3.28 色鉛筆、鉛筆 281×181mm

上　　ネロ帝の水道アーチ（チェリモンターナ公園から）
　　　2012.3.21

左上　古代ローマのタベルナ　2006.4.6

左下　聖アガペトゥス1世の図書館　2003 秋

　スカウロ坂の右に、**古代ローマのタベルナ**（店舗）Taberne Romane が、上のサン
タ・バルバラ礼拝堂の側面と面を揃えてその正面を向け、上階のバルコニーを支えてい
たトラヴァーチン石の持ち送りの規則正しい並びを見せている。

　その先の高い壁に穿たれた門の奥は、**聖アガペトゥス1世**（在位：535-536）**の図書館**
Biblioteca di Papa Agapito I と呼ばれている、キリスト教の書物を収集するための部屋の
遺構があるが、その円弧の《ローマン・コンクリート》の壁に窓やニッチのある造りは、
古代ローマ住居のホールであったことを伝えている。左のサンティ・ジョヴァンニ・エ・
パオロ教会には、初期キリスト教が、4、5世紀の古代住居の中に、接ぎ木のように重ね
られた断面があり、‘CASE ROMANE’ の展示空間で実感できる。

　チェリモンターナ公園 villa Celimontana に入り、ヴィッラの庭園と樫の森が混ざって
いる拡がりを独り占めしていると、スカウロ坂から続く通りの、高い囲いの向こうに、
切れ切れになってダンスをしている、ネロ帝の水道アーチが現れた。

ドラベッラのアーチ（サン・パオロ・デッラ・クローチェ通りから）
2012.3.22 色鉛筆、鉛筆 181×281mm

サンティ・ジョヴァンニ・エ・パオロ教会の鐘塔 2006.4.6

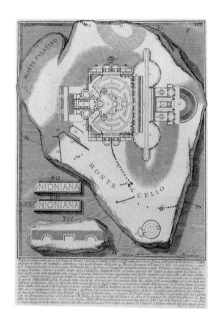

G.B. ピラネージ 《ネロ帝の泉水堂平面図》350×235mm

（『ローマの遺蹟』1756）

　ピラネージの「ネロ帝の泉水堂の平面図」から、ネロ帝の水道アーチの経路を辿って
みる。点線の箇所の一部が、ダンスをしている水道アーチで、その水はクラウディウス
帝の神域の基層に入る。南北200m、東西180mの矩形の基層部には、ネロ帝の時代に巨
大な貯水槽が築かれており、パラティーノ丘とネロ帝の「人工湖」に給水していた。都
市ローマの防火用水である。神域の東側の扶壁は、トラヴァーチン石のルスティカ（粗
面仕上げ）で、その一部が**サンティ・ジョヴァンニ・エ・パオロ教会の中世の鐘塔**の
下部に現れている。点線の経路を下に見ていくと、アーチの列に段がついている箇所
の、2012年3月22日、セルウィウスの城壁の**ドラベッラのアーチ** arco di Dolabella に載
せられた水道アーチが、90度近く折れていく勢いを描くために、座る。アーチ門をくぐ
ると、サニタ・ミリターレ広場の右に、ネロ帝の水道アーチの支柱が1本、通りの上に
鎮座している。ピラネージの図では、右下の経路の方向転換点だ。北を向くと、クラウ
ディア通りの彼方で、ネロ帝の「人工湖」を隠蔽している、コロッセオが見える。

ネロ帝の水道アーチの支柱（サニタ・ミリターレ広場から）2011.3.26

サント・ステファノ・ロトンド教会（内観）1999 春

中央円筒部の補強アーチのスケッチ 1985.3.14

　サント・ステファノ・ロトンド通り via di S. Stefano Rotondo の右側に水道アーチとインスラの断片が現れる。その一角から**サント・ステファノ・ロトンド教会**（468-483）の中に入る。同心円の空間構成で、1点からの放射状平面であるが、中央の円筒部に、それと対立する正面性が現れていて、全体に抑揚をつけている。22本のイオニア式の円柱とエンタブラチュアの円環に載せられた、純白の円筒を見上げると、木骨を露出した、丸い平天井を真っ二つに割っている補強アーチがある。円を2分割する線の強さを、1985年の春に走り書いた。中心の円筒部の直径は約24mで、10m幅の周歩廊が取り囲んでいる全体は直径44mとなる。平面においては、パンテオンと同サイズである。1453年の改修前には、もう一重10m幅の空間があって、その三重の同心円の総直径は64mあったことになる。後世の手が繰り返し加えられ、当初の姿や使用目的もはっきりしないが、時間差の細部が、ここかしこに残っている。

　教会の隣の英国病院の辺りでは、通りの右側にあった水道アーチが、聖母病院まで進むと一旦消えて、通りの左側に5万㎡拡がっている軍の医療施設の高い壁に移っていく。上部が切り揃えられた水道アーチの並びに、円筒形のタンクを載せた、軍の八角形の塔が際立っている。ネロ帝の水道アーチの連続は、病院だらけの病院通りのおわりの、サン・ジョヴァンニ病院に向かっている。

次頁　軍の医療施設の八角形の塔（サント・ステファノ・ロトンド通りから）2011.3.26

上
ネロ帝の水道アーチ
（屋根の上に2連で）
2004.11.1

左
ネロ帝の水道アーチ
（ドメニコ・フォンターナ通り）
2004.11.1

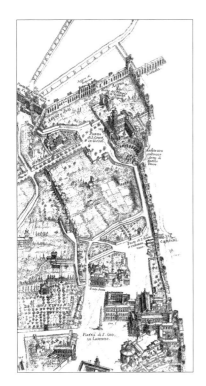

サン・ジョヴァンニ・イン・ラテラーノ広場の北側の街区とメルラーナ通り via Merulana が交差する辺りを見上げると、ネロ帝の水道アーチの上部が2連で屋根の上に現れる。そのまま宙を東に結ぶと、ドメニコ・フォンターナ通り via D. Fontana の右側、スカラ・サンタ Scala Santa の左横に、高さ25m 程の堂々とした水道アーチが80m くらい延びている。その先は、住居のテラスに顔を出すが、ヴィッラ・ウォルコンスキー villa Wolkonsky の高い塀の中に消えていく。このヴィッラは1947年からは英国大使館の管轄下で入ることはできないが、航空写真で確認すると、庭園の中に300m 近く連続しているネロ帝の水道アーチが存在している。ファルダのローマ地図（1676）では、左下のサン・ジョヴァンニ・イン・ラテラーノ広場に現れている水道アーチから上に向かって経路を辿り、その先の少し左に振れている辺りである。

　地図の右にはアウレリアヌスの城壁が走っており、ファルダの時代には、水道アーチと城壁の2列の高い遺構に挟まれた細長い区域が障害物なしに見通せたはずである。サン・ジョヴァンニ・イン・ラテラーノ教会の周りの広場が、ローマの広場としては珍しく空虚な理由は、このリニアな区域で支配的なのは巨大な教会ではなく、水道アーチとアウレリアヌスの城壁の列であるからだ。カルロ・フェリーチェ大通りの右横には、この空間の仕組みを利用した細長い公園がある。1926年に、ここを整備したのはデ・ヴィコであった。

上　G.B. ファルダのローマ地図 1676

下　ネロ帝の水道アーチ（ドメニコ・フォンターナ通り）
　　2017.3.24

[1]

[2]

[3]

[4]

前頁　アウレリアヌスの城壁（市内側）2014.3.24

カルロ・フェリーチェ大通り viale Carlo Felice と平行に走る**アウレリアヌスの城壁**の市内側は、地形が壕のように城壁に向かって掘り込まれていて、切断面として見える上部の歩廊が開放的なアーチの列として際立っている［前頁］。

　市外側はカストレンセ大通り viale Castrense に沿ってよい保存状態で続き、**カストレンセ円形劇場** Anfiteatro Castrense の煉瓦型枠のコンクリートの壁にぶつけられている［1］。ここでも城壁の長さを稼いでいるのだ。型枠の煉瓦の日付は、「セッソリウム」Sessorium と呼ばれているセウェルス朝（193-235）のヴィッラの一部であったことを伝えている。カストレンセ大通りをアウレリアヌスの城壁に沿って更に進むと、通りを跨ぐように横切っている**クラウディア水道**が見える［2］。「セッソリウム」の中の擲弾兵の兵舎跡からは、その北側のアウレリアヌスの城壁がクラウディア水道のアーチを利用して造られているのが分かる［3］。

　エレニアナ通り via Eleniana に面して、立方体のヴォリュームと、そのコーナーに穿たれた上下2組の丸窓が興味深い、**ラッファエレ・デ・ヴィコの貯水槽**（1933）Cabina dell'ACEA がある［4］。4つの円筒形の水槽を各々5本の鉄筋コンクリートの支柱で23m の高さに配置し、骨組みの下に研究室や資料室を納めた水道施設であるが、その機能と切り離された「外皮」は、近くにある古代ローマのパン屋の墓との応答である。ローマのおいしい水の追求は、今日まで連綿と受け継がれている。

ネロ帝の水道アーチ（スタティリア通りの公園から）
2017.3.28 色鉛筆、グラファイト 181×281mm

上　クラウディア水道の導水管シリンダー
　　（ジェルマーノ・ソンメイッレル通りから）
　　2017.3.27

右　ユリア、テプラ、マルキアの 3 本の導水管跡
　　（マッジョーレ門の南東側）
　　2019.3.19

　ジェルマーノ・ソンメイッレル通り via G. Sommeiller からは、アウレリアヌスの城壁に
組み込まれた水道アーチが直角に折れていくのが見える。現在は欠落しているが、水道
アーチの上部には新アニオ水道とクラウディア水道の導水管が上下に重なって、折れた
先のシリンダーの切断面と接続し、近くの貯水槽に入ってそこからは現代と同じ方式の
密閉管路で市内を潤した。トラヴァーチン石で仕上げられたシリンダーは、水道アーチ
が古代の 2 つの街道を跨ぐ地点に造られた**マッジョーレ門** Porta Maggiore（52）の上部
の導水管部である。マッジョーレ門には 2 つの水道以外に、ユリア、テプラ、マルキアの
3 本の水道が上からこの順に重なって、門の東側に痕跡を残している。直角に折れずに、
マッジョーレ門の直前で分岐したクラウディア水道の水を、2km 先のクラウディウスの
神域まで運んだのが、ネロ帝の水道アーチである。
　2017 年 3 月 28 日、市街地に大きく曲がって入ってくる、この水道アーチの勇姿を描く
ために、スタティリア通り via Statilia の公園の一角に座る〔前頁〕。ローマの主人公の登場だ。

上　クラウディア水道アーチの断片　2011.3.22

右上　クラウディア水道アーチの連続　2002.3.10

右下　フェリーチェ水道　2011.3.22

　マッジョーレ門を目指すクラウディア水道のアーチの列は、今日では一部しか残っていないが、けっこう壮大な眺めである。**ローマ郊外の平原地帯**に視線を移してみよう。地下鉄A線のスバウグスタ駅から南西に1km程進んだ先の公園の、ごろっと横たわっている不粋なフェリーチェ水道（1589）を乗り越えると、一面に平原が拡がり、右には北上するクラウディア水道の導水管の上に新アニオ水道のコンクリート製の導水管を載せたアーチが、切れ切れに、トルソーのような断片で続き、左には水源に向かって、153個のアーチが1.4kmにわたって延々と続いている。これだけでもほんの一部で、導水管の全長は68.7kmあり、当時はこの平原を千個以上のアーチで10km横断していた。更にこの水道アーチの東側には、マルキア水道のアーチがテプラとユリアの導水管を載せて走っていた。ビルの9階分程の27.5mくらいの高さで、2列に並んだ5つの水道は、高い水準が確保できるマッジョーレ門を目指したのである。このうち、クラウディア水道の水準を引き継いだのが、ネロ帝の水道アーチであった。

次頁　マッジョーレ門とパン屋の墓　1985春

パン屋の墓の上部のレリーフ 2000 春

マッジョーレ門（ラビカーノ広場）1985 春

　マッジョーレ門のルスティカ（粗面仕上げ）の2連アーチに、寄り添うようにしてある、滑らかなトラヴァーチン石の白い立体が際立っている。建築の歴史的貯蔵庫には登録されていない未知の形態だ。現在では、エウリュサケスというギリシア姓の解放奴隷の個人墓であることが分かっている。上下3段で規則正しく繰り返されている、縁のついた丸窓のようなものは、壁に掛けてあったパン生地をこねるための円筒形の容器を現しており、デ・ヴィコの貯水槽の「外皮」の印象的な円窓の源泉であろう。墓の上部には、パン作りの工程のレリーフ（浮き彫り）があり、未知の形態は、**パン屋の墓**であった。当時のローマ人の死生観からして、生きていた時の自らの存在を永遠に記憶にとどめようとしたことは見事に成功している。2千年以上も経って、エウリュサケスという名前だけでなく、パン屋であることに加えて、丸い容器が掛けられた仕事場まで伝えているのだから。この墓がマッジョーレ門と近接してある不可解な関係は、ここにおいても［時間差］の現れである。パン屋の墓が紀元前30年頃に街道沿いにセルウィウスの城壁とは離されて造られ、クラウディア水道のアーチとマッジョーレ門が完成するのは52年以降である。そこへ、3世紀末にアウレリアヌスの城壁が接近したのである。

　この世紀を超えた［時間差］に、路面電車の分岐点である門の前の広場で、1985年3月の雨の日、トロリーポールが火花を散らして、「今」が重なっている。

前頁　マッジョーレ門と路面電車 2013.3.29

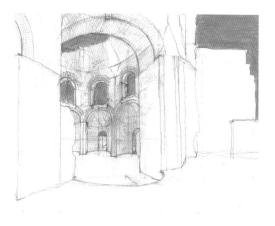

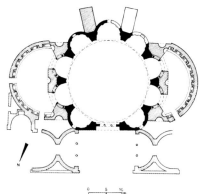

ミネルヴァ・メディカの神殿 鉛筆スケッチ 2011.3.24　　　　　　　　　ミネルヴァ・メディカの神殿の平面図（ダイヒマン、1941 より）

　マッジョーレ門からジョヴァンニ・ジョリッティ通り via G. Giolitti を 300m 程進むと、右に、**ミネルヴァ・メディカの神殿** Tempio di Minerva Medica（4 世紀初頭）が現れる。長らく神殿とされてきたこの遺構は、リキニウス帝（在位：308-324）のヴィラの庭園の一部で、あずまやのような機能のニンファエウムと考えられている。十角形の集中式平面で、中心からの放射状概念で築かれており、初期キリスト教建築やビザンティン建築へ反響しているだけでなく、15、16 世紀の数多くの建築家に着想を与えている。1 世紀の中葉から 2 世紀初頭の古代ローマの集中式建築に原則を見出しているミケランジェロや、それに続くボッロミーニのように、集中式を《十文字交差軸性》と X 字の軸性の対立する力の統合と見なしている建築家は僅かである。そもそも、この遺構は十角形なので、十文字で軸は交差せず、ペンデンティブが円に均されて、その上にドームが架けられている。15、16 世紀の建築家を引きつけたのは、このドームの壊れ方が、1764 年のピラネージの版画が示すように、廃墟として魅力的だったのであろう。

　2011 年 3 月 24 日、鉛筆だけでスケッチしている背中を路面電車が通過し、ファシズム建築の滑らかなトラヴァーチン石の壁が連なって、幾つもの時間が重なる。スタンダールがたたえたこの神殿の魅力は失われてしまったが、今と接続している、殺伐とした時間の重なりも悪くない。次の路面電車が、すぐ傍らで急停車して、近過ぎる！と。

[5]

[6]

[7]

　テルミニ駅の施設が1km 以上続く路線沿いに、まず現れるのは、未来派のサンテリアのドローイングを彷彿とさせる、4本煙突の火力発電所と職員の宿舎の2連のブロックである[5]。その先には、螺旋階段が巻きついている円筒形の貯水槽と電気設備のブロックが際立っている[6]。いずれもファシズム政権下の鉄道整備政策の一環として、逓信省の建築局のアンジョロ・マッツォーニによって、1938年に計画され、戦前に実現している。2つのブロックの間の、G. ジョリッティ通りとマルサーラ通りを結んでいるトンネルを抜けると、双子のように同形の貯水槽があり、マルサーラ通りにも鉄道施設のブロックが延びている。175m 幅の線路とホームのゾーンを側翼の施設ブロックで挟んで、先端の232m 幅の空洞で繋いでいるのだ。革新的なのは、両翼を、人、荷物、設備の流れに分けて、3層の地下トンネルで結んでいることである。これによって、ローマの都市の文脈に、ファシズムの巨大な均質空間を挿入している。

　G. ジョリッティ通りの左側には、キングとロセッリの設計の**ラディソン・ブルー・エス・ホテル**Radisson Blu es. Hotel（2002）が見える。235室の客室をもつホテルと600台の車を収容する7階建ての駐車場とのコンプレックスで、通りの角のくさびのような玄武岩の造形と、客室の梁から駐車場のスラブに変化していくラインは、架線と車とファシズムの無機的な形態が醸し出す、周辺の殺伐とした都市の速度を捉えている[7]。

上　マリウスの戦勝記念碑 鉛筆スケッチ 2014.3.28

右上　マリウスの戦勝記念碑（南側）2002 春

右下　ポルタ・マジカ 2017.3.21

　ホテルの正面に、アレクサンデル・セウェルス帝（在位：222-235）がユリア水道から
引いた支線のアーチが6連で残っている。その水は**マリウスの戦勝記念碑**と呼ばれて
いるユリア水道の貯水槽まで導かれていた。ピラネージのユリア水道のシリーズ（1771）
の平面図、断面図の複雑な構造が示すのは、この遺構が水の種々の形や流れを制御、
演出している高度な大噴水だったということである。遺構が位置している、**ヴィットリ
オ・エマヌエーレ2世広場** piazza V. Emanuele II（1882-1887）は、ローマに遷都直後の
計画で、周辺の列柱廊や碁盤目の街区は、それまでの首都トリーノの役人や軍人の住む
地区として計画されたが、今日では中国人を中心に多国籍な状況になっている。

　広場の北の角には、**ポルタ・マジカ**「魔法の扉」Porta Magica（1680頃）が錬金術の
証拠として鎮座している。研究を進めていた青年が、その扉をくぐって忽然と姿を消し
た話も気になるが、この地区の廃棄物処理場から出た、怪物のような小人2体は、ロー
マらしい合わせ技だ。

マエケナスの講堂（地下）2001 秋　　　　ブランカッチョ劇場（メルラーナ通りから）2017.3.21

　レオパルディ広場 largo Leopardi の公園の中に、円筒形の壁に軽く屋根を被せた小屋があり、地下に下りると、**マエケナスの講堂** Auditorium di Mecenate（前30）が幅10.6m、長さ24.4m で拡がっている。後部の半円形のエクセドラに、同心円の階段状の座席がある造りから、1874年に出土した時点では、パトロンとしてのマエケナスのもとに集まった詩人や学者の講堂と見なされたが、座席には狭い段状の造形に、水を流すための配管が残っていたり、そこへ下りるための斜路が発見されて、はじめから涼しい地下の部屋として造られた、夏用のトリクリニウム（食堂）である可能性に傾いている。粗石の網目積みの型枠の《ローマン・コンクリート》の長い壁には、窓があるかのように、深いニッチ（壁龕）が両側に6つずつ穿たれ、エクセドラの上部にも5つのニッチがある。いずれにも牧歌的主題の外部の風景が鮮やかな色彩で描かれていて、虚構の外部と静かな水音の中に居る、マエケナス・サークルを想う。

　メルラーナ通りとメチェナーテ通り via Mecenate の交差点に、円弧の輪郭で突っ張っている**ブランカッチョ劇場** Teatro Brancaccio が際立っている。ルカ・カリミニの基本計画に応じて、1916年に技師のカルロ・サッコーニが実現している。円弧状の入口上部の大きなテラスはメルラーナ通りを見下ろし、背後の地続きの庭園の下に、1680席の伝統的な劇場空間が、モダンと寄り添うことで、百年以上も都市の中に存在している。

ピエトロ・ロンバルディ

《モンティ地区の小さな噴水》1927

2015.10.23

ロンバルディの噴水の 3 つの膨らみ

2010.3.23

G.B. ピラネージ《ガリエヌス帝の凱旋門》エッチング 118×195mm
（『ローマの遺蹟』1756）

ガリエヌス帝の凱旋門 2015.10.23

　サン・ヴィート教会 S. Vito の脇に、**モンティ地区の小さな噴水** fontanella dei Monti
（1927）が水音を響かせている。テスタッチョ地区のアンフォラの泉を設計したピエト
ロ・ロンバルディのローマ市10地区の噴水の1つである。特徴的な3つの膨らみは、モ
ンティ地区の周囲にある、エスクイリーノ丘、ヴィミナーレ丘、チェリオ丘を現していて、
その地区の文脈をダイレクトに反映したデザインは、ロンバルディらしい応答である。

　サン・ヴィート通りに、今にも崩れそうな**ガリエヌス帝の凱旋門** arco di Gallieno の
遺構がある。262年にガリエヌス帝（在位：253-268）の名誉に変えられたこの門は、セ
ルウィウスの城壁の門の1つで、アウグストゥス帝（在位：前27-後14）によって、トラ
ヴァーチン石の3連アーチ門として再建された、その中央アーチ部分である。ピラネー
ジの銅版画（1756）の時点でも、この門は歪んでおり、特に柱の上のアーキトレーヴの
水平ラインは大きく曲がり、迫石が形成するアーチの曲線も不連続である。恐怖を覚え
るのは、ギリシア建築のような石積みの構造物に見えるからで、実際は《ローマン・コ
ンクリート》で築かれており、歪んでいるのは表面の石張りのラインである。門の歪み
からエッチングの背景に目を移すと、右からネロ帝の水道アーチ［上左図中E］がチェリオ
丘を走り、奥にはマッジョーレ門［同D］、左にはユリア水道の貯水槽［同B］が描かれてい
る。この章で巡った道程を、古代ローマの遺構だけで、ピラネージは一望しているのだ。

左
カボッチ家の塔（左）とグラツィアーニ家の塔（右）
（サン・マルティーノ・アイ・モンティ広場から）
2017.3.21

下
グラツィアーニ家の塔
（ジョヴァンニ・ランツァ通りを見る）
2017.3.21

VI. 塔が建っている

　サン・マルティーノ・アイ・モンティ通り via di S. Martino ai Monti の中世の道の軸の延長に従って建っている2つの塔が際立っている。1つはジョヴァンニ・ランツァ通り via G. Lanza に正面を向けている**グラツィアーニ家の塔** torre dei Graziani（12世紀）で、3層までの下部の段差と最上部の歯形のような胸壁以外には何もない、無窓の正面が宗教研究所の複合施設に組み込まれている姿は、異様で存在感がある。もう1つの塔は、通りを挟んで反対側のサン・マルティーノ・アイ・モンティ広場の真ん中に塔状住宅のように、ぽつんと建っている**カポッチ家の塔** torre dei Capocci（12世紀）で、高さ36mの塔の3層目からの煉瓦の色の違いは、そこに住居が要塞のように囲んでいたことを示している。また上部の煉瓦は、近くのトライアヌス帝の浴場（104-109）の遺構の型枠煉瓦の再利用である。2つの塔は向かい合って、エスクイリーノ丘の頂上へ導く、一種の門のようだ。このように、ローマでは塔のある風景が当り前のように存在しているが、周辺都市では中世まで建っていた夥しい数の塔が消えている。

　［**塔の社会**］は、都市によって多少の差はあるが、11世紀に形成されている。自らの安全を確保するために、貴族的市民層は家族単位で間口の狭い塔状住宅に住むか、あるいは、血縁関係や契約によって連盟が結ばれた家族間で派閥を作り、塔からなる要塞のような集合住宅に立てこもった。同時期に、商工市民は可教の支配から市民自治の体制である［**コムーネ**］を築くために、貴族階級と戦うだけでなく、宗教的特権も認めなかった。中世全般が宗教に隷属した社会というのは全くの偏見である。13世紀中葉の塔の社会は派閥間の抗争や塔の高さによる富の顕示、と個人主義の温床となっていたが、コムーネの市民秩序と安全保障によって、塔は無用の長物となり、1250年前後に、塔は高さ29mに切断されて、塔の存在が街から消えた。そもそも、都市ローマに、塔が建っていること自体が不思議なのである。

アンブロージョ・ロレンツェッティ 《市内における善政の効果》 1338 フレスコ （シエナ市庁舎）

　コムーネがはじめて発注した絵画は、アンブロージョ・ロレンツェッティ（1285-1348）の《市内における善政の効果》（1338）であろう。シエナの商人からなるコムーネの政治的プロパガンダとしての理想都市シエナを、A.ロレンツェッティは、当時は既に存在していない［塔の社会］として描いている。シエナは1050年頃から自治都市コムーネとして歩みはじめ、13世紀末には、左上の端に描かれている大聖堂の鐘塔以外の塔はすべて切断されている。13世紀か14世紀初頭の都市の政令の日付から判断すると、現在見られるような、シエナの土の色で統一された、曲がりくねった道から1cmたりとも出ていない壁面の「自然都市」は、ほぼ完成していたはずである。画家は、いつの時代も少し以前の風景をよく想う仕組みを利用して、［塔の社会］のシエナを描いているのだ。

　ローマにも300以上もの塔があって、［塔の社会］を形成していたが、13世紀中葉には切断されて、現在は市内に痕跡も含めて250本くらいが確認できるが、刈り込まれずに残っているのは14本のみである。それでも、ローマには塔が建っている。ローマのコムーネがイタリアの他の自治都市のコムーネと異なる特殊な事情は、コムーネ体制に対する教皇権力や教皇、枢機卿を排出している貴族階級の派閥の財力が強大だったことである。ローマにおいて、コムーネが本来の体制になるのは、ローマが1870年にイタリア王国の首都として歩みはじめてからで、現在のローマ市はその延長にある。

セッテ・サーレ通りから下る階段 2018.3.22

'SVBVRA' の記念碑（スブッラ広場）2018.3.22

　オッピオ丘の尾根道にあたるセッテ・サーレ通り via delle Sette Sale の右側には高い
塀が続き、左側の壁の奥には、オッピオ丘の森の公園があり、トライアヌス帝の浴場跡
や、その下に埋もれているネロ帝のドムス・アウレアの発掘現場などがあるが、そこに
は行かずに進むと、左側にがくんと曲がる一帯にローマ・サピエンツァ大学の工学部が
あり、学生たちが、15m 下の奈落の底に落ちるように、急勾配の階段を下りている。下り
た先がまだ谷底でなく、カブール通り via Cavour を渡って更に 6m 下の街に、昼食を求
めて下りていく。そこはスブッラ広場 piazza della Suburra で、振り返ると、左に地下鉄
B 線のカブール駅があり、右にはエディコラのように建物の角に添えられた記念碑に、
ラテン語で 'SVBVRA'（都市の下）とあった。［スブッラ］は古代ローマの地名で、エス
クイリーノ丘の西端とクイリナーレ丘、ヴィミナーレ丘の南端の窪地を指している。古
代ローマのスブッラは、下層階級の 4、5 階建てのインスラがひしめく、バイタリティー
に溢れた地域だったが、その地形が残ったことで、人々の熱気は引き継がれている。

ボルジアの階段

（サン・ピエトロ・イン・ヴィンコリ広場への抜け）

2015.10.23

[1]

[2]

[3]

　レオニーナ通り via Leonina を 80m 程行くと、左に 4.5m 上のカブール通りまでの階段があって、その延長に**ボルジアの階段** salita dei Borgia が更に15m 上まで続いている[1]。マルガーニ家の館を貫通しているヴォールトの闇を抜けて、まばゆいばかりの光明へと変化していくシークエンスは演劇的で祝祭的ですらある。だからボルジアの階段に纏わりついている 2 つの伝承、1 つは紀元前 535 年の殺人事件、もう 1 つは 16 世紀のボルジア家のゴシップ、には触れないでおこう。2015 年 10 月 23 日の正午、アーチの抜けに、逆光を背負った左手には、赤い花束が[前頁]。ボルジアの階段が優れているのは、この出来事の可能性があるからだ。

　上のサン・ピエトロ・イン・ヴィンコリ広場に出ると、右に**マルガーニ家の塔** torre dei Margani（12 世紀）が建っている[2]。コムーネが健在だったら、教会の鐘塔と公共の塔以外の塔は切られていたはずだが、ここでは、15 世紀に個人の塔の上に鐘楼を載せて、サン・フランチェスコ・ディ・パオラ教会が鐘塔として組み込んでいる。個人の塔をベースにした唯一の鐘楼の例である。

　近くのファグターレ通り via del Fagutale には、**アンニバルディ家の塔** torre degli Annibaldi が斬首されながらも、南西側の壁に半円筒形の階段室を突き出して建っている[3]。1204 年にアンニバルディ家がこの位置に塔を建造したのは、敵対していたフランジパーネ家の要塞としてのコロッセオを射程に入れるためであった。

上
コロッセオ前の歩道橋 2000
（アンニバルディ通り）
2018.10.29

左
エディコラ
（マドンナ・デイ・モンティ通り）
2015.10.22

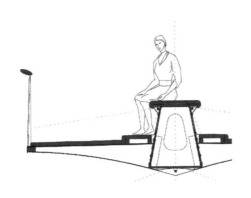

歩道橋の断面図（フランチェスコ・チェッリーニ設計）　　　　　　　　　　歩道橋の中央のベンチ 2018.10.29

　レオニーナ通りを更に進むと、不意に左側の幅16m の直線道路によって視界が開か
れ、それをコロッセオが受け止めている。1895年のローマ改造計画によって、丘を切り
崩して敷設したアンニバルディ通り via degli Annibaldi の直線距離は300m 以上あるが、
その先のコロッセオが巨大で近くに見え、その手前に**アンニバルディ通りの歩道橋**
（2000）が空気のように飛んでいる。設計者はフランチェスコ・チェッリーニで、その断
面図が示すように、中央のベンチの下の逆梁によって16m 間を掛け渡し、そこから傾斜
のついた片持ち梁で先端の厚みを限りなく零度に近づけている。また底面の処理は柔
らかな凹面で2分割することによってヴォリュームを消している。全体としては、擁壁
の上の接地高さの違いと、通りから5m 上空を維持する必要性から決定された曲率半径
の弧を描いており、コロッセオの曲面の壁との対照が鮮やかである。
　マドンナ・デイ・モンティ通り via della Madonna dei Monti に入ると、教会と隣接して
張り出している、かつての神学校 Collegio dei Neofiti（1635）の角に、陽の光を全ての時
間帯に受けている**モンティ地区のエディコラ**がある。修道院の住居の壁から発見され
た古代のフレスコ画には、聖人ロレンツォとステファノの間の玉座の聖母子が描かれて
おり、それが17世紀初頭のマドンナ・デイ・モンティ教会建設の動機であり、フレスコ
画と同じ構図で立体化したレリーフが、このエディコラである。

上　ラ・カゼッタ「生花店」2004.10.27
下　ラ・カゼッタ「カフェ」2017.3.22

ラ・カゼッタ「ワイングラスの店」の出窓　2012.3.30

　マドンナ・デイ・モンティ通りのはじまりの15mの拡がりに**ラ・カゼッタ** La Casetta（小さな家）が鎮座している。2004年の秋には生花店で、しばらくして造花を作っていたが、2011年の春には、ツタの仮面から張り出しているガラスの出窓が印象的な、ワイングラスの店になっていた。2017年の春には、近くのローマ・トレ大学の建築の学生が紙筒を持って出入りしているのを見かけ、カフェに変わっているのに気づいた。寸法関係から、この小さな家は中世末期のスキエラ型住宅とすると辻褄が合う。現在のツタの仮面の正面は、実は奥行方向で7mあり、通りに面した側の17.4mは屋根の分節から3軒並んだ正面で、1単位は5.8m×7mの1チェルラ（空間単位）は、スキエラ型の中でも最小限住宅を示している。開発の可能性はなく、取り残されている。

　1本上のバッチーナ通り via Baccina がおわる正面に、またしても大魔神が出現した。幅6mの狭い通りに、高さ15.3m、直径1.7mの白い大理石の3本の円柱が、アーキトレーヴと共に見え隠れしている。**アウグストゥス帝のフォルムの神殿の柱**である。

次頁　アウグストゥス帝のフォルムの神殿の柱（バッチーナ通り）2018.10.29

ネルウァ帝のフォルム（トッレ・デ・コンティ通り）
2014.4.2 色鉛筆、グラファイト 181×281mm

上　G.B. ピラネージ《ネルウァ帝のフォルム》エッチング
　　（『ローマの景観』1757）

右　コンティ家の塔 2004.10.27

　2014年4月2日、スブッラ側から皇帝のフォルム（広場）を描くために、マドンナ・デ
ィ・モンティ通りとトッレ・デ・コンティ通り via Torre de' Conti の角に座る。ここから
だと**ネルウァ帝のフォルム**の「コロナッチェ」と呼ばれている柱が真横方向にあり、
スケッチの左端に描き留めて、中央には、スブッラからの抜け道であった細長い空間
に、ネルウァ帝のフォルムを挿入するための半円弧の壁の勢いを配し、4m 掘り下げら
れた古代の地盤面を、時々覗き込むようにして描く［前頁］。前方のトッレ・デ・コンティ
通りの左側の皇帝のフォルムを区画している壁は、ピラネージの版画に説得力のある
構図で描かれていて、スブッラ地区の火災による延焼や喧騒を遮断するための、高さ約
36m、壁厚約4m の石積みの壁は、現在も古代のまま存在している。

　座っている背中側には、古代ローマの平和の神殿が道路の下に埋まっているが、そ
の遺構の一部を基礎にして、黒と白の帯のある台座と補強壁がある**コンティ家の塔**が
29m の高さで建っている。1348年の地震で半壊しなければ、60m もの高さがあった。

[4]

[5]

[6]

グリッロ広場 piazza del Grillo には**ロードス騎士団の家** casa dei Cavalieri di Rodi が皇帝のフォルムの区画壁の延長にある［4］。9世紀にフォルムの遺構を利用して修道院や教会の建設がはじまり、アウグストゥス帝のフォルム側の半円弧の壁に載せられた正面には、ゴシック様式の三葉のアーチが目に留まる。1230年頃騎士団の所有物となり、1466年の大改修でトライアヌス帝のフォルム側を見下ろすロッジアと、グリッロ広場側の大きなアーチがある正面が造られた。3つの正面には古代ローマ、中世、15世紀の様式の痕跡が残されている。

進行方向は**グリッロ家の塔** torre del Grillo が建っている。トライアヌス帝のフォルムを要塞化していたカエターニ家に対する防御として、1221年にカルボーニ家によって建設され、17世紀には、グリッロ坂を挟んで両側にあったグリッロ家の館に組み込まれた。中央のグリッロ坂への抜けのアーチが切り取っている風景が、刻々と変化していく［前頁］。

クアットロ・ノヴェンブレ通り via IV Novembre には**ミリツィエの塔** torre delle Milizie が建っている。13世紀の初頭、クイリナーレ丘一帯を支配していたコロンナ家に対する防御のために、コンティ家が建てた。1348年の地震で、3層構成の上部1層が倒壊しているが、それでも現在51mの高さがあり、トライアヌス帝の市場の施設の一部となっている［5］。2019年の冬、トレ・カンネッレ通りから、カメラのファインダーを覗いていると、めまいがした。ミリツィエの塔が、傾いている［6］。

トライアヌス帝の市場
2012.10.25 色鉛筆、グラファイト 181×281mm

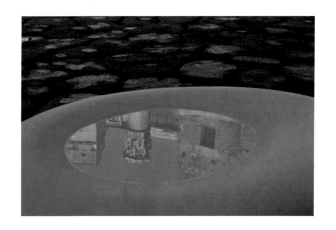

パブロ・アチュガリー展 2015
（トライアヌス帝の市場）

安田侃展 2007-2009（トライアヌス帝の市場）

　2012年10月25日、トライアヌス帝のフォルムの延長の発掘現場越しの**トライアヌス帝の市場** Mercati di Traiano の全景を描くために座る。発掘現場と市場の間の16世紀に開通した由緒あるアレッサンドリーナ通りが一部崩されはじめているが、古代を再び明るみに出すために、2018年3月から道路下の本格的な発掘調査が開始され、2019年11月まで行われた。皇帝たちのフォルムを可能な限り復元するために、既存の道路が一部地図から消えたのである。ローマ市のこの廃止決定には頭が下がる。下がった頭で、手前を描写し、前に向き直って、朝の斑がある光に浮かび上がっている市場を描く［前頁］。

　この遺構では、度々彫刻展が開催されている。アンソニー・カロ、それに続く2000年のリチャード・セラの展示はトライアヌス帝の市場の1つの事件で、2015年のパブロ・アチュガリーも市場の外部空間を使い切っていたが、2007年から2009年にかけての安田侃は、彫刻の作用力の射程が遠く、古代ローマ人のように「場所」を構築していた。

　スケッチの市場の中央には、中世のミリツィエの塔が、6階建ての古代ローマの遺構を見下ろしている。中世にはトライアヌス帝の市場だけでなく、《ローマン・コンクリート》で築かれた頑丈な古代ローマの遺構のほとんどが要塞化され、塔が建てられた。背中に拡がっているフォロ・ロマーノにも「カンポ・トッレキアーノ」（塔の野）と呼ばれるくらい塔が建っていた。そしてローマには塔の数だけ、確執があった。

ピロッタ通り

（クアットロ・ノヴェンブレ通りから）

2014.10.25

コルドナータ通り　2019.10.28

ピロッタ通り　2007.3.25

　トレ・カンネッレ通り via delle Tre Cannelle（噴水の3つの噴出口）を下ると、右に階段とも斜路ともつかない**コルドナータ通り** via della Cordonata が開ける。コルドナータという傾斜路の形式は、階段の蹴上げ高さが通常の1段の半分もなく、階段の水平面の踏面がゆるやかな傾斜面で、数歩分の広さがある。段の3段目の中央に、ナゾーネ（水飲み用の噴水）の3つの飲み口がある変種が途切れることなく水を出している。ローマ市によって1874年に設置された、最古の鋳鉄製のナゾーネである。

　クアットロ・ノヴェンブレ通りを右に折れると、**ピロッタ通り** via della Pilotta の4つのフラットに近いアーチの重なりが際立っている。アーチの上は手すりのついたブリッジとして、コロンナ家の邸館 palazzo Colonna とそのヴィッラの庭園を上空で結んでいる。ピロッタ通りの正面には、黒い制服姿のカラビニエリ（国防省管轄の軍警察）の集団をよく見かける。右隣の建物が司令部だからだ。警察だらけのイタリアの警察機構は特殊で、各々に歴史があり、互いに競合関係があっても共存している。ローマそのものだ。

左
ガッレリア・シャッラ
（サンタ・マリア・イン・ヴィア通りに向かって）
2003.3.12

下
ガッレリア・コロンナ
2004.3.21
2003年2月25日に亡くなったローマ生まれの
大俳優の名を冠して、2003年12月からガッレリ
ア・アルベルト・ソルディに名称が変更。

134

ガッレリア・シャッラ（鉄とガラスの屋根を見る）2004.10.27　　　　　　　　　　　　ガッレリア・コロンナ　2004.3.21

　ウミルタ通り via dell'Umilta からコロンナ広場まで、2つのガッレリアという光の街路を行く。このタイプの街路のはじまりはパリのパサージュで、鉄骨のガラス屋根で覆われた街路の多くが1822年以降の15年間で造られた。統一国家イタリアの首都トリーノ（1861）に3つのパサージュが飛び火し、ミラノのガッレリア（1865-1877）へと続き、ローマ遷都（1871）後に、ローマに伝播する。この半世紀の遅れがそのままローマの近代化の遅れを示しているが、1883年の**ガッレリア・シャッラ** Galleria Sciarra は、当時のアール・ヌーヴォーに代表される美術運動と比較しても、50年のタイム・ラグを十分に埋めている。設計者のジュリオ・デ・アンジェリスの鉄と鋳鉄の技術の完成度、細部へのこだわりは、アール・ヌーヴォーが過去の模造ではない新しい表現に向かったのに対して、古典主義を引き受けた上で、先端の技術と結びついている。古いものははじめから古い。新しいものはすぐ古びる。しかし、古いものが先端のものと出会うと永遠のものになる。

　2003年にガッレリア・アルベルト・ソルディに改名した**ガッレリア・コロンナ**（1922）Galleria Colonna は、1世紀遅れてパサージュを再評価している。鉄骨のガラス屋根の下には、13世紀のコズマーティ風のステンドグラスがあり、Y字形プランは16世紀末のローマの都市計画に反響して、舞台背景のようなパースペクティブの焦点の先には、マルクス・アウレリウス帝の記念柱が浮かび上がる。

ハドリアヌス帝の神殿（ピエトラ広場から）
2015.10.24 色鉛筆、グラファイト 181×281mm

VII. 古代の輪郭を指でなぞって

　マルクス・アウレリウス帝に献ぜられた記念柱が立つコロンナ広場 piazza Colonna の南西端を左に折れると、22m × 74m と東西に長い**ピエトラ広場** piazza di Pietra に出る。この「石の広場」を意味する名称から、広場の南側を塞いでいるローマ証券取引所の建物に組み込まれた、高さ15m、直径1.44m に及ぶ11本のコリント式円柱とエンタブラチュアを仰ぎ見ると、つい古代の郷愁に誘われるところが、古代ローマの遺構がほとんどそうであったように、この神殿も16世紀には、石切場と化していたから「石の広場」などと呼ばれている。古代ローマの遺構の石が徹底的に破壊されるのは、皮肉なことだが、15、16世紀の古代に対する関心と情熱が文化現象にまで高められた時期で、人文主義者や建築家たちは古代文献や写本を研究するも、具体物として目の前にある遺構を保存することには無頓着で、採石場と化した遺構の石は、教会や邸館の柱や窓枠に再利用されるだけでなく、粉々にして左官の石灰にまでしている。古代ローマの遺構に対する認識が変わるのは、19世紀末のイタリア統一後の首都ローマにおいてである。それも歴史に対して組織立てられたものではなく、ムッソリーニに見られるような、個人的で恣意的な選択によるものであった。石が消えても、首都ローマのここかしこに古代ローマの遺構が存在しているのは、躯体の核となる《ローマン・コンクリート》の強度があり過ぎたからだ。その跡をなぞって歩いてみよう。

　2015年10月24日、アントニヌス・ピウス帝（在位：138-161）によって建立された、**ハドリアヌス帝の神殿** Tempio di Adriano（145）の北側列柱廊を描くために、対象の中心に座る。中心から左は4m 掘り下げられた地盤面を覗きながら、右は現在の広場のレベルで描いた［前頁］。神殿正面は東を向いているはずだが跡形もない。北側列柱廊は終日光が当たらないが、座っている背後の窓ガラスが反射して、斑のある光がいたずらしている。先程来、大道芸人が、この中心の位置を狙っているようだ。

左
中心のブロック（左）とサンティニャツィオ教会（右）
（サンティニャツィオ広場）
2002 秋

下
3 つのブロックが形成する楕円形の空
（サンティニャツィオ広場）
2001 秋

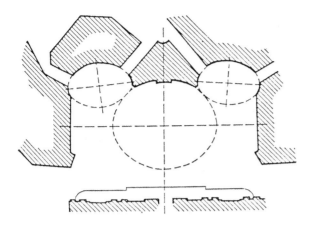

サンティニャツィオ広場の3つの楕円による計画　　　　　　　　　　　　サンティニャツィオ広場（西側から）1999 春

古代ローマが本格的にヘレニズム世界と接触するのは、ヘレニズム末期であり、そこで吹き荒れていたのが、「地中海バロック」という風である。歴史上、当時程地中海世界が広い世界に向かったことはなく、広い世界が見えるたびに吹く風がバロックである。**サンティニャツィオ広場** piazza Sant'Ignazio（1727-1728）におけるラグッツィーニの一連の邸館設計は、この時代のバロックの都市計画と古代ローマとの関係を掴む上で重要な計画であろう。北側からブッロ通り via de' Burrò の不完全な断片のようなブロックの間を通り抜けながら仰ぎ見ると、そこに楕円形の空がある。5つのブロックで3辺を囲んでいる広場の左右の楕円形の空が全体を結びつけている。部分では不完全であったり、いびつであるが、遠くを見ると全体性を獲得しているバロック建築の好例である。更に広場の中心に出て仰ぎ見ると、中心のブロックが、対面するサンティニャツィオ教会に抑揚をつけているのだ。周辺に抑揚をつけていくのもバロックの特徴である。

ラグッツィーニと同時代人で、ナポリ生まれの同郷人でもある哲学者のヴィーコは、その著書『ラテン語の起源から導き出されるイタリア人の太古の知恵』（1710）で、「鋭い」とか「鈍い」という古代ローマ人の言い回しに着目している。古代ローマでは、遠方に関係づけることが「鋭く」、現代の隣接するものとの関係による構成の美学は「鈍い」のだろう。

　ローマ学寮の街区のコッレジョ・ロマーノ通り via del Collegio Romano を行くと、ア
レッサンドロ・スペッキ通り via Alessandro Specchi との角の、**カルツォーネ邸** palazzina
Calzone が際立っている。ガッレリア・シャッラ（1883）やガッレリア・コロンナ（1922）
と同様にスティーレ・リーベルティ（リバティ様式）でくくられている建築で、1903年に
は建築家マスカンツォーニの基本設計、1909年頃には技師のガラッシ兄弟の実施設計が
報告されている。この時期の鉄筋コンクリートの使用としては革新的であり、円弧状の
出窓やタイルが張られた湾曲した屋根、その上の花をモチーフにした鉄の手摺りなど
は、アール・ヌーヴォーに直に接近しているが、全体のプロポーションとコリント式の
オーダーの細部には、ローマの古典主義建築の系譜が見られる。

　現在は1階に、ローマでは珍しいアイリッシュ・パブが入っており、そのインテリアの
剥き出しの天井木材の上に、埃がかぶったままの分厚い本が無造作に載っている。以前
は本屋だったのだろうか、こんな店の中にも時間が堆積している。

右

大理石の足

（ピエ・ディ・マルモ通りから）

2010.3.28

下

大理石の足

（サント・ステファノ・デル・カッコ通り）

2010.3.28

ミネルヴァ広場の子ゾウ 2014.10.30

イシスとセラピスの聖域、サエプタ回廊のエリアと現在の道（GAL より）

　ピエ・ディ・マルモ通り via del Piè di Marmo とサント・ステファノ・デル・カッコ通り
via di S. Stefano del Cacco の角に、長さ 123cm の**大理石の足**が台座に置かれている。高さ
が 8m 以上の彫像の一部と見做されており、この場所にあったイシスとセラピスの神殿
（前 43）から出土したことから、古代ローマで人気のあったエジプトの女神イシスの像を
想うこともできるが、巨大な左足が履いている靴に目を奪われる。足の指を覆うか、覆
わないか、くるぶしまでか、ふくらはぎの一部まで覆うか、硬い石畳が普及していた古
代ローマのバリエーションに富む靴には驚かされる。どうやら、この足の履き物は、靴
底から 2 つの側面があり、縁に沿って穴が開いていて、そこに革ひもを通して固定する
サンダル・タイプのようだ。この辺りからは小形のオベリスクも発見されており、近く
のミネルヴァ広場の子ゾウの背中に載っている。また、この地区の名称である PIGNA（松
ぼっくり）の巨大なブロンズはヴァチカン宮の中庭に据えられている。サンダルとオ
ベリスクと松ぼっくりを、ここに集合させると、聖域の午後の豊かな時間が立ち現れる。

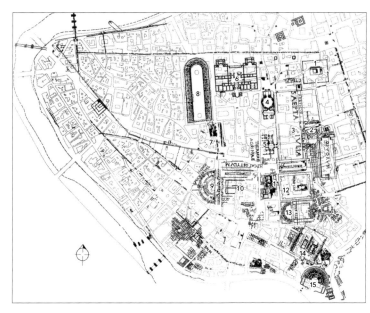

1. ハドリアヌス帝の神殿
　（ハドリアネウム）
2. イシスとセラピスの聖域
3. サエプタ回廊
4. パンテオン
5. アグリッパ浴場
6. ネロ帝の浴場
7. ドミティアヌス帝の音楽堂
8. ドミティアヌス帝の競技場
9. ポンペイウス劇場
10. ポンペイウス回廊
11. アルジェンティーナ広場の聖域
12. ミヌキア回廊とニンフの神殿
13. バルブス劇場と回廊
14. オクタウィアエ回廊
15. マルケルス劇場

古代ローマの建造物を重ねたカンプス・マルティウス一帯

　西に大きく蛇行するテヴェレ川に抱かれた一帯は、古代には「マルスの野」を意味す**るカンプス・マルティウス** Campo Marzio と呼ばれており、紀元前2世紀後半までは点在する幾つかの神殿以外は何もない250haの野原であったが、フォルム・ロマヌム Foro Romano を中心とした一帯が満杯になった紀元前1世紀中葉辺りから、ポメリウムの外のこの低地が建設ラッシュになる。アルジェンティーナ広場の聖域［上図11］の東を正面にした4基の神殿を基準にして、まずポンペイウス劇場と回廊（前55）［同9、10］が東西軸で築かれたが、イシスとセラピスの聖域（前43）［同2］とサエプタ回廊（前26）［同3］に東西軸と直交する南北軸が導入されて、ダイナミックに展開されていく。

　中世末期までには派閥ごとの囲い込みによってできた島と島の間を細く流れる水のような道が形成され、古代ローマの東西南北のグリッドに重ねられる。この一帯での見所は、中世の道の無秩序越しに秩序を見ることで、それは、無秩序と秩序がぶつかり合っている地点に現れている。

アグリッパ浴場（アルコ・デッラ・チャンベッラ通りから）
2018.10.31　色鉛筆、グラファイト　181×281mm

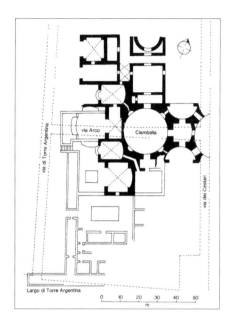

アグリッパ浴場の平面図（GAL より）

チェステ小路 2018.10.30

　アルコ・デッラ・チャンベッラ通り via dell'Arco della Ciambella に、17世紀の邸館に覆い被さるようにして、古代ローマの遺構がひっそりと覗いている。2018年10月31日、**アグリッパ浴場** Terme di Agrippa（前19）のチャンベッラ（ドーナツ）と呼ばれた、直径25mの丸い部屋の壁の勢いを描くために、円弧の中心の南北軸に座る［前頁］。この部屋は型枠の煉瓦の刻印からハドリアヌス帝の時代の再建とされており、その時点で、浴場はその南北軸の延長上にあるパンテオンに向かって拡張された。1621年にアルコ・デッラ・チャンベッラ通りが丸い部屋を二分するように敷設される以前は、ほとんど無傷のままで、ペルッツィやパッラーディオが全体の図面を残している。6m幅の狭い通りから、高さ15m程の半円に切り取られた遺構を見上げていると、半分が欠落していても、円の完全な輪郭を宙に描くことができた。遺構の左側の切断面には、エディコラが添えられている。

　南北軸の秩序を際立たせる正午の光を追いかけて、チェステ小路 vicolo d. Ceste に入ると、教会の南北方向の側壁をひたひたと光が撫ではじめている。

パンテオンの南側後方（パロンベッラ通りから）
2016.10.31 色鉛筆、鉛筆 181×281mm

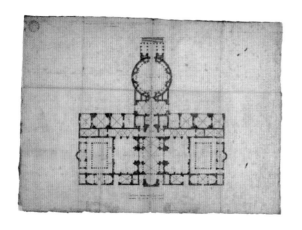

パッラーディオによるアグリッパ浴場とパンテオンの平面図
（キエリカーティ絵画館、ヴィチェンツァ）

パンテオンの柱廊玄関 1999 春

2016 年 10 月 31 日、**パンテオン** Pantheon（120-124）の南側後方を描くために、幅 5m のパロンベッラ通り via della Palombella に座る［前頁］。ここからだと、円堂上部の煉瓦型枠の補強としての荷受けアーチが円弧を描いているのが見える。煉瓦の荷受けアーチや水平層を見ていると、パンテオンは一体的な核の《ローマン・コンクリート》構造であることを承知していても、骨組み構造の要素として見てしまう。構造でなく工法が透けて見えているのだ。そこに古代ローマ人の労働が見える。4m 掘り下げられた壁に目を移すと、中央の後陣のような凹みの両側に花崗岩の柱が 2 本ずつ、その間に 3 つのニッチを配して立っている。その上に続くエンタブラチュアの断片と、パッラーディオの図面を併せて思い描くと、通りを挟んで同じ構成があり、3 つのクロス・ヴォールトの屋根が架かっていたことになる。パロンベッラ通りは内部空間だったのだ。ハドリアヌス帝はサエプタ回廊とイシスとセラピスの聖域の間に四面門を施して、南北軸と東西軸の結びつきを強固にしている。この内部柱廊もその一環であったかもしれないが、公衆浴場とパンテオンが接続していても不思議ではない。古代において、祝祭的な光の中で身体をケアすることは崇高なことだったのだから。浴場と同質の光が、パンテオンに降り注いでいる。

先程来、座っている背中が「世界の銘茶」の店の入口の横で、恐縮していると、音も立てずに、目の前に、緑茶が差し出された。

ネロ帝の浴場の 2 本の柱 2016.3.30　　　　　　　　　十字架を頂いたシカ (サンテウスタキオ教会) 2016.3.30

　パロンベッラ通りを西に進むと、右の**サンテウスタキオ教会** Sant'Eustachio のてっ
ぺんに十字架を頂いた白いシカの頭部が際立っている。シカの角にキリストの十字架
を見て改宗した聖人エウスタキオ伝説に由来していて、エウスタキオ EUSTACHIO はこ
の辺りの地区名になっている。手前の三角形の拡がりから見る教会の側壁は、ツル性植
物で覆われていて、そこに添えられた 2 本のピンクがかった灰色の花崗岩の柱には古代
が宿っている。ここから北の南北軸上に築かれた**ネロ帝の浴場** Terme Neroniane（62）
の 2 本の柱で、出所が同じ柱は、パンテオンの北正面の柱廊玄関の左の 2 本として、
1666 年の改修時に用いられている。周辺の教会や邸館の内部にも遺構の一部が存在し
ているが、地表面にあった遺構の大半は採石場として消えている。まだ基礎の一部が現
れていた 16 世紀のパッラーディオやアントニオ・ダ・サンガッロの実測図によって伝
えられた全貌は、アグリッパ浴場（前 19）に次いで造られたネロ帝の浴場の段階で、後
の古代ローマ浴場の建築タイプを形成していたことである。

前頁　パンテオン (ロゼッタ通りから) 2018.10.25

マッカラーニ邸（サンテウスタキオ広場から）2015.10.28　　　　　　　　　　　　　ジュリオ・ロマーノ自邸（マントヴァ）1997.3.23

　サンテウスタキオ広場の南面に、イタリア人も驚く程おいしいコーヒーを淹れているカフェ・サンテウスタキオ（1938から）が入っている邸館で、ジュリオ・ロマーノ（1492-1546）の設計の**マッカラーニ邸**（1522-1523）が興味深い。ジュリオは1524年にマントヴァ侯の招聘によって、その地で成功を収めるが、マントヴァに建てることになる作品の根源がここにあるだけでなく、ブラマンテが定式化したローマの邸館に次いで、その後の邸館建築に影響を及ぼす類型を構築している。粗面階（地上階）の壁柱の間の大き過ぎる迫り石と要石、その上の小窓、そしてアーチやコーニスを省略して直接階層帯に載る上階の窓と、マントヴァの自邸の階層帯が入口上部で折れてペディメントに移行する程の激しい逸脱はないが、本質的な変化が起こっている。この変化は、教皇クレメンス7世（在位：1523-1534）が召集した芸術家たちのグループの1524年から1526年にかけての現象である。美術史家のアンドレ・シャステル（1912-1990）は、この特別な時期に対して「クレメンス様式」という概念を提案している。定式化した還元モデルが、操作によって、最終モデルの透明な関係性に移行し、その全体の洗練性を特徴としている。

　ミケランジェロの前のサン・ピエトロ造営局の主任建築家として、1546年にパウルス3世はジュリオを思い出した。生地ローマに戻るように要請したが、マントヴァを出発する直前に亡くなっている。つい、なかった歴史を想ってしまう。

上　巨大な円形の泉水盤
　　（スタデラリ通りから）
　　2014.10.24

右　ピエトロ・ロンバルディ《本の泉》
　　（スタデラリ通り）
　　2005.10.26

　スタデラリ通り via degli Staderari からマダマ館（現：上院議事堂）へ斜め方向に入っている三角形の拡がりを塞ぐように、花崗岩から彫り抜いた**巨大な円形の泉水盤**が据えてある。ここを通る度に、特に夜は水の底から照明を受けて、目の高さで満ちている水面が水滴の糸となって溢れ落ちる水音に、単純な造りでありながら、どの噴水よりも、古代があった。この泉水盤は上院の地下から3つに割れた状態で発見され、台座に載せられているが、ネロ帝の浴場のカリダリウム（高温浴室）の入浴に使用されたものだろう。クイリナーレ広場にも同形の泉水盤があるが、ローマ浴場建築において浴槽が定形化していた可能性は十分にある。

　スタデラリ通りの左側の壁には、またしても、ピエトロ・ロンバルディのローマ市10地区の噴水の1つ、**本の泉** fontanella dei Libri（1927）が際立っている。本のモチーフは、噴水の背後の壁がサピエンツァ大学（1303-1935）の側壁だからで、シカのモチーフはこの地区の紋章になっており、直接的な応答でデザインするピエトロらしい傑作だ。

サンティーヴォ教会
「筒形ヴォールト」の集合の連続
2001 秋

　リナシメント大通り corso del Rinascimento に出て左に折れると、デッラ・ポルタ設計のサピエンツァ館（1587）の中庭の奥に、**サンティーヴォ教会** Sant'Ivo (1642-1660) が、下部は凹面の円弧で、上部には凸面に孕んだ正面を見せている。内部に入ると、凹面の半円と三角形が交互に配されて、出の大きなエンタブラチュアで途中切られるも、「筒形ヴォールト」と「クロイスター・ヴォールト」が最頂部のランタン（採光塔）の底部の円環に向かって、すぼまって上昇していく「カボチャの輪郭のヴォールト」である。古代ローマでは、パンテオンのような半球状のドームも存在するが、「筒形ヴォールト」の集合によって築かれる天蓋は、ネロ帝からハドリアヌス帝の時代に頻繁に造られた。襞のあるドームと言ってもよいだろう。当時は、アーチを介して「筒形ヴォールト」に変換されるか、アーチなしの「クロイスター・ヴォールト」か、あるいは、その交互かと、ヴォールトの使用に熟していた。しかし、サンティーヴォ教会のように地上から天頂まで「筒形ヴォールト」の連続で築き上げたものは稀である。ボッロミーニは、古代ローマ建築の原型を提示しているのだ。

　サンティーヴォ教会の外観で、中庭の回廊より上層にある円弧状の膨らみは、6つの筒形ヴォールトの集合形態をそのまま現している。下層の大きな凹面の円弧は、包まれているような内部空間の反転で、既存の回廊を構成に組み込んで開いた形で終えている。頂部にあるランタンの形状は、凹面の円弧が下部の筒形ヴォールトの円弧と呼応して、更にバベルの塔のような螺旋状の尖塔に移行し、上昇は加速して、鋳鉄によるヴォイド(空気)の形で解き放たれる。

　鋳鉄の箇所を見続けていると、時代を越えて、何の脈絡のない、英国のチャールズ・レニー・マッキントッシュ(1868-1928)のグラスゴー美術学校の正面の金属の仕事が類推された。曲線と直線を対立させる感覚が響き合っていて、エレガントでありながら力強い。ボッロミーニの作品では、鋳鉄の仕事は主役とされていないが、この教会の近くの時計台 torre dell'Orologio (1647-1649) のやぐらの上に載っている鉄製の飾りによるヴォイドの造形も、確かに、時代を超越している。

ボッロミーニによるサンティーヴォ教会の平面図（アルベルティーナ紙葉 500）

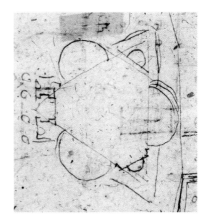

ペルッツィによる教会の素描（ウッフィツィ美術館、フィレンツェ）

　サンティーヴォ教会の平面図の特徴は、正三角形に、その中心から60度回転して得られるもう1つの正三角形を重ねた構図にあり、集中式平面でありながら、放射状概念にも、《十文字交差軸性》にも括られない、新機軸であるということだ。六角形にも見えるこのような平面は、古代にも、15、16世紀にも、ほとんど例がない。2つのずれた三角形を基準にした筒形ヴォールトの連続だけでも統一された全体性が確保されているが、ボッロミーニは困難な全体にあえて向かうために、わざわざ不連続点や異なる要素を付加する。第一に、筒形ヴォールトに半円と三角形を交互に配置することによる曲線と直線の対立、第二に、出の大きなエンタブラチュアによる筒形ヴォールトの上下の分節を設定しておきながら、1つにまとめる。確かに、下部の壁つき柱と上部の角のリブは対照が鮮やかであるにもかかわらず、信じがたい程垂直方向の作用力が働いている。また、それと対立するようなエンタブラチュアの波打つような水平の力動性によって、垂直と水平の作用力のベクトルの総和は0になる。静かだ。

　三角形という不安定な断片への興味は、ボッロミーニの自殺の構図と重なることが気になる。斜めに固定された剣に倒れ掛かるようにして、三角形の構図で死のうとしたのだ。もう1つ気になることは、2つのずれた三角形はペルッツィ（1481-1536）の素描にも現れていたことである。2つの才能が、世紀を越えて出会っている。

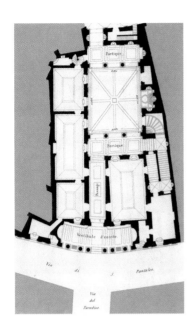

P.M. ルタルイー「ピエトロ・マッシモ邸の平面図」
（Edifices De Rome Moderne より）

ペルッツィによるピエトロ・マッシモ邸のスタディ
（ウッフィツィ美術館、フィレンツェ）

　ペルッツィの設計した**ピエトロ・マッシモ邸** palazzo Pietro Massimo（1532-1536）は、ヴィットリオ・エマヌエーレ2世大通り corso Vittorio Emanuele II に出ると、すぐ右に現れる。19世紀末に、幅員20m のこの大通りが敷設されるまでは、邸館の前面道路は4.5m幅と狭く、ブラマンテが定式化した邸館のように、粗面階の上にオーダーが載る型が採れず、まるっきり逆の構成となっている。上階は視覚に入りづらく、窓の彫りは浅くなっている。最上部の横長の窓は、彫りを深くすると、ボッロミーニのモチーフになり、上から2段目の窓のリボン状モールディングは後に北ヨーロッパで流行する。3段目の縦長の窓はペルッツィの素描［上右図］にあるように、その細部は世紀を越えて、ボッロミーニに反響している。平面図においては、地形の悪い敷地の条件がなかったかのように、不整形な部屋は化粧室や浴室に充て、パラディーゾ通りからの南北軸で調停して理想形を確保している。柱廊玄関の柱のリズム、階層帯の上の窓の並びと切石積みのような漆喰パターンのリズムは、定形から離脱して、次の段階の関係性に移行している。

前頁　ピエトロ・マッシモ邸（ヴィットリオ・エマヌエーレ2世大通り）2002 秋

ピエトロ・マッシモ邸はマッシモ一族がもともと住んでいた邸館が、「ローマ劫掠」と訳される［**サッコ・ディ・ローマ**］Sacco di Roma（1527）の火災で損傷を受けて、1532年にペルッツィが設計依頼を受けた。1527年5月6日のサッコの時点で、ペルッツィは46歳で、高貴な風貌と威厳ある物腰ゆえに、高位聖職者と間違えられ、とんでもない目にあっている。「枢機卿たちは引き回され、司教たちは投獄され、司祭たちは殺害され、年老いた信心深い修道女たちは祭壇上で陵辱され」とシャステルはその著書『ローマの劫掠』（1983）で、その日の惨事を描写している。このテロ集団を率いていたのは、神聖ローマ帝国の皇帝カール5世で、イタリアの諸都市を手中に収める覇権行為の一環であったが、そこにマルティン・ルターを代表とする宗教的厳格主義者が、美術や建築にうつつを抜かす教皇への弾劾と、異教文化の古代ローマと混淆状態にある都市ローマへの憤りで集結し、更に傭兵たちが各地から合流して、一気にローマを襲撃し蹂躙した。皇帝軍の混成部隊の中でも、取り返しがつかない行為に及んだのはドイツの傭兵隊で、金品が強奪されるだけでなく、絵画や彫刻も破壊され、捕らえられた人からは身代金が徹底的に収奪され、類のない大量の富が持ち去られた。この時ペルッツィは侵入軍に捕らえられていたが、シエナ大使が払った身代金で解放され、シエナに逃れた。クレメンス7世の庇護のもとにあった芸術家たちの中には、サッコで死んだり、魂が抜けたようになった人も記録されているが、多くは難を逃れて各地に離散し、二度とローマに戻ってこなかった。1528年の2月、皇帝軍がナポリを目指して南下し、10月にオルヴィエートからクレメンス7世がローマに帰還して、傷ついた都市ローマの復興計画として、興味深いことが2つある。1つは、またしても芸術の力で復興を成し遂げようと、芸術家たちをことごとく呼び戻そうと努めたことである。それで、ペルッツィは1530年に戻ってくる。ペルッツィはブラマンテ、ラッファエッロ亡き後のサン・ピエトロ造営局の主任建築家だったからだ。サン・ピエトロの計画はサッコで一時中断しており、その間の仕事が、ピエトロ・マッシモ邸である。それが完成した1536年に、ペルッツィは55歳で死去している。もう1つの驚くべきことは、古代ローマの遺構を活用することで、昔日の威光を再び取り戻そうとしたことである。聖都ローマの蹂躙の中で《ローマン・コンクリート》の遺構は微動だにせず、そこにあり続けていたからだ。もはやすべてが然るべく、「古代ローマの奇跡」の下に服した。ローマは、いつの時も、この奇跡によって再生するのである。

マッシモ邸の外壁のフレスコ画とオデウムの柱（マッシミ広場）2014.10.30

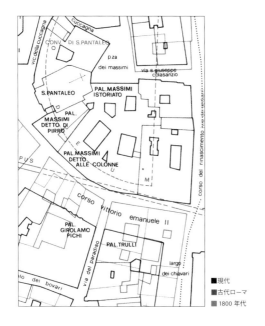

ローマ市街地図 (ローマ・サピエンツァ大学、建築・都市学科監修、Kappa)　　　　オデウムのコリント式の円柱 (マッシミ広場) 2016.3.31

　マッシモ邸とサン・パンタレオ教会 S. Pantaleo とその修道院の建物は、上図の橙色の破線で示された古代ローマの**オデウム** Odeon（86頃）の半円形の輪郭に載っている。ドミティアヌス帝（在位：81-96）が建設したオデウムでは、詩の朗読や音楽会が催され、規模は直径約120m の半円形で、1万人の観客が収容可能であった。この建物から白い大理石のコリント式の円柱が引き上げられ、マッシモ邸の裏のマッシミ広場 piazza d. Massimi に立てられている。その柱も気になるが、その背後の**マッシモ邸の外壁のフレスコ画**が際立っている。ペルッツィはサッコ後にシエナからローマに戻る時、弱冠24歳のダニエレ・ダ・ヴォルテッラを同行させている。2人が共同で描いたのであろう。外壁の画法は［**ズグラッフィート技法**］と言って、画面上の表層の色彩を部分的に掻き落として図様を描き出す技法で、ペルッツィがサッコ以前にヴィッラ・ファルネジーナの外壁に試みて以来、ローマで流行していたが、サッコ以後も永きにわたって継続し、16、17世紀の邸館建築の外壁に、レリーフがあるかのような、モノクロームの古代風の雰囲気を与えている。

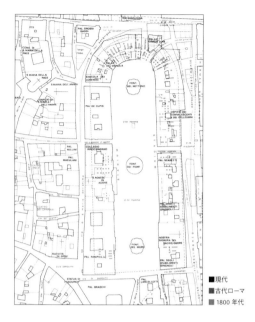

■現代
■古代ローマ
■1800年代

ローマ市街地図（ローマ・サピエンツァ大学、建築・都市学科監修、Kappa）

ドミティアヌス帝の競技場の入場門（ナヴォーナ広場の北端）1999 春

　ナヴォーナ広場 piazza Navona の特徴は、極端に南北に長く、北端が半円弧でおわっていることである。この輪郭は上図の橙色の破線が示す**ドミティアヌス帝の競技場**（86頃）とほぼ一致しており、幅55m、奥行250m のナヴォーナ広場は、競技場のアリーナがそのまま残ったもので、観客席だった所が周囲の建物と重なる。中世には、古代ローマの遺構の上にスキエラ型の住居群が建てられていったが、アリーナは空き地として残り、やがて庶民の生活の舞台となっていく。16世紀には、ナヴォーナ広場を邸館の庭に見立てた巨大な計画までもが立案され、17世紀にサンタニェーゼ・イン・アゴーネ教会が建てられ、広場の中央には四大河の泉のオベリスクによって新しい中心が加えられた。現在でもこの広場が吸引力のある磁場として機能しているのは、新しい中心によって更に抑揚づけられた南北軸と、半円弧の《十文字交差軸性》による作用力からである。
　北側の半円弧の外に出て左に折れると、4m 下のレベルに競技場の入場門周辺の遺構が覗き見える。1936年に、上の邸館が改築される時に現れた。

左
サンタ・マリア・デッラ・パーチェ教会
（パーチェ広場から柱廊玄関を見る）
2001 秋

下
彫り抜いたようなパーチェ広場
半円形で張り出した柱廊玄関
2001 秋

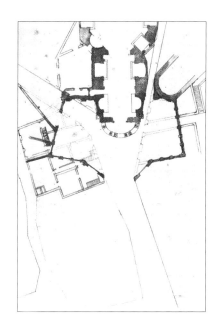

ダ・コルトーナによるパーチェ広場の平面図
（既存建物の撤去箇所を指示）

サンタ・マリア・デッラ・パーチェ教会
（カフェ・デッラ・パーチェのテラス席から）1985 春

　ナヴォーナ広場とは規模において対極をなす小さな広場がすぐ近くにある。パーチェ小路 vicolo della Pace の薄暗い2m 幅の道から広場に出るやいなや、内部空間に居るような感覚になる。ピエトロ・ダ・コルトーナは12世紀以前の教会の修復と正面の改築を依頼された時、**パーチェ広場** piazza della Pace（1656-1657）を新たに造っている。ダ・コルトーナのドローイングが残っており、それによると、広場の計画を実施するために、なんと、既存の建物の撤去箇所が示されている。右側には隣接するサンタ・マリア・デッラニマ教会 Santa Maria dell'Anima の後陣の半円形の突出部はそのままで、手前の教会附属施設の一部を切り取り、右の邸館は階段などを残して、機能に支障がない程度に削っている。塊から彫り抜いたような空気の形と、半円形で張り出した柱廊玄関が呼応して、傑出した広場が、ここに出現している。

　広場の前に延びるパーチェ通り via della Pace から見る広場は劇場の舞台のようで、観客の特等席はカフェ・デッラ・パーチェ（1891から）のテラス席であろう。

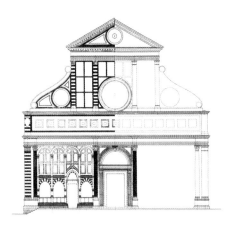

サンタ・マリア・ノヴェッラ教会の正面図（フィレンツェ）

サンタ・マリア・デッラ・パーチェ教会
（スクロールの細部）2016.3.30

　内部のようなパーチェ広場から、半円形で《十文字交差軸性》の作用力が加えられた柱廊玄関に入り、更に教会内部の内へ内へと誘われる。正面で連続面を形作っている上層の壁面は、軒蛇腹（のきじゃばら）とその上の低い屋階を伴って、教会の背後から両側に手を広げて包み込むように、凹面の曲線で周囲の建物を巻き込んでいる。1層目の両側の翼部は、教会の正面から1ベイ下がった位置で左右に直線で既存の建物に擦り寄っている。この1層目の直線と上層の曲線のずれを、両肩の［**スクロール**］によって隠しながら結びつけているのだ。このスクロールという要素は、15世紀の建築家アルベルティのフィレンツェに建つサンタ・マリア・ノヴェッラ教会の正面（1458）で登場した、両肩の反転曲線の要素で、中世教会の内部空間の断面や異なる様式を調停している。その後のキリスト教会の正面のプロトタイプとして、15、16世紀には、繰り返し模倣されるが、対立するものを結びつけることが主眼の17世紀バロックにおいても、スクロールは使用され続けている。ただ奥行方向のずれに使われることは稀で、ダ・コルトーナの建築を裏から支える重要な要素となっている。

　パーチェ小路からアプローチすると、上部にスクロールの裏が現れ、小路を抜けて振り返ると、1層目の直線と上層の曲線のずれをあえて設定し、スクロールによって立体的に1つに統合している、ピエトロ・ダ・コルトーナの力量は凄まじい。

サンタ・マリア・デッラ・パーチェ教会
（パーチェ小路からスクロールを見る）
2016.3.30

サンタ・マリア・デッラ・パーチェ教会
（パーチェ広場からスクロールを見る）
2005.3.25

左
フィリッポ・ネーリのオラトリオ会館
（ヌオーヴァ教会広場から）
2004.3.28

下
テッリーナの泉
（ヌオーヴァ教会広場）
2011.10.29

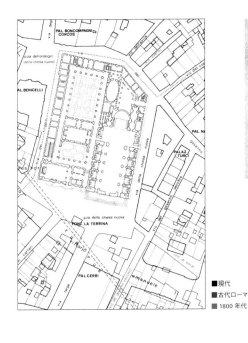

■現代
■古代ローマ
■1800年代

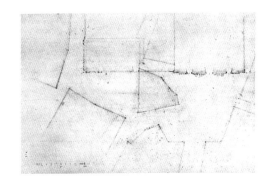

上　ボッロミーニによるオラトリオ会館の初期ドローイング
　　（アルベルティーナ）

左　ローマ市街地図
　　（ローマ・サピエンツァ大学、建築・都市学科監修、Kappa）

　ヌオーヴァ教会広場 piazza della Chiesa Nuova の拡がりは取り留めがなく、ナヴォー
ナ広場やパーチェ広場を通過してきた目には不合理に映る。19世紀末にローマ市によっ
て敷設された、ヴァチカンへの対抗的幹線道路としてのヴィットリオ・エマヌエーレ2世
大通りの幅員20m を加えると、右が60m、左が30m とただ広い。大通りが開通する以前
は、絞る所は絞って、4m 幅の道から入り、膨らむ所は膨らんで、奥行30m 程の広場があ
り、このめりはりのある空間に向かって、ボッロミーニの設計の**フィリッポ・ネーリの
オラトリオ会館** Oratorio dei Filippini（1637-1650）の正面は僅かな曲率の凹面で受け止
め、それを五分割している壁つき柱を、曲面壁の曲率を決めている遠くの中心よりも、
近くの中心に向けることによって抑揚をつけていた。また、ボッロミーニは計画の初期
段階のドローイングで、左のオラトリオ会館と右のヌオーヴァ教会の前の広場を分ける
ように、オラトリオの礼拝堂の単位を独立させて前面に出している。現在の正面は、何
に向かって抑揚をつけているのだろう。相手がないと、その身振りは空しい。

上　テッリーナの泉
　　（ヌオーヴァ教会広場）
　　2016.11.3

右　ボッロミーニの時計台
　　（バンキ・ヌオーヴィ通りから）
　　2014.10.30

　ヌオーヴァ教会広場と大通りの際に、蓋つきのスープ鉢のような外観から**テッリーナ**
の泉 fontana della Terrina（1590）と呼ばれている噴水が際立っている。デッラ・ポルタ
が近くのカンポ・デイ・フィオーリの中心部を飾るために設計したものだが、1889年に
ローマ市が対抗的記憶の場を造るためのジョルダーノ・ブルーノの銅像に取って代わられ、
それ以来、ここにある。オラトリオ会館と唯一応答している存在で、ちょっと救われる。

　広場を左に回り込みオロロージョ広場 piazza dell'Orologio に出ると、オラトリオ会館の
北西の角に、**ボッロミーニの時計台**（1647-1649）の頂部の鋳鉄の造形がまた空気の形
を描いている。二十四角の星がついた鋳鉄のヴォイドと下のソリッドの対照は鮮やかで、
特に、バンキ・ヌオーヴィ通り via dei Banchi Nuovi に切り取られた姿が際立っている。

　カトリックの改革期には、オラトリオ会のような信徒会やイエズス会のような修道会
が新しく生まれ、偉大な人物が次々と列聖された。それまで、サッコ後60年以上もの間、
ひとりの聖人もあげることができずに中断していた教会建設がラッシュになっていく。

バンコ・ディ・サント・スピリト館 2009.3.26

ガッディ邸の中庭 2009.3.26

　パンキ・ヌオーヴィ通りの角に**バンコ・ディ・サント・スピリト館** palazzo del Banco di S. Spirito がある。16世紀までには、この辺りは銀行家の業務地区となり、banco（バンコ）の複数形で banchi（バンキ）と呼ばれた。1504年に教皇庁の造幣局を収容するように改築され、僅かに凹面のバロックを先取りしたような正面（1524）は、アントニオ・ダ・サンガッロの設計で、その後、紋章や彫刻などのバロック装飾がつけ加えられるが、その上層と下層のプロポーションの確かさは揺るがない程強い。

　振り返ると、バンコ・ディ・サント・スピリト通りの左側には、**ガッディ邸** palazzo Gaddi（1518-1527）がある。アミーチ邸とも知られ、その中庭は、ヤコポ・サンソヴィーノのローマで唯一の実作である。サンソヴィーノはサッコでヴェネツィアに逃れるが、ローマには二度と戻ってこなかった。ヴェネツィアの風土で、サンソヴィーノの軽やかで開放的な、15世紀のフィレンツェ流グラフィズムによる抽象性は見事にはまったが、古代ローマの遺構の量塊が見え隠れしているローマでは、着地できないでいる。

バンコ・ディ・サント・スピリト通りの彼方には、真南を向いたサンタンジェロ城が正午の光を受け止めている[1]。この城塞はハドリアヌス帝廟（139）の基壇の上の直径74mと68mの円筒形にそっくり載せられた要塞で、850年頃レオ4世（在位：847-855）が、ヴァチカンのある区域を城壁で囲んで要塞化したボルゴ地区と、その城壁の頂部に造られた長い歩廊で通じていた。1527年5月6日のサッコ・ディ・ローマでクレメンス7世と14人の枢機卿、それに次いで3000人近い教皇庁の役人たちが、ヴァチカンから避難したのも、サンタンジェロ城である。

[1]

ノリの地図（1748）［次頁］の左上の橋の袂の広場には3つの通りが鋭角で交わる三叉路が認められる。このような道路パターンを［**トリウィウム**］と呼んでいる。ポポロ広場からのトリウィウムが有名であるが、サンタンジェロのトリウィウムは短いなりに、当時のヴァチカンとローマ市街地を繋ぐ重要な装置になっている。中心のバンコ・ディ・サント・スピリト通り[1]は、もともとはバンキ・ヴェッキ通りvia dei Banchi Vecchiと繋がり、左のパオラ通りviaPaola[2]はジュリア通りvia Giuliaと接続して、ヴァチカンの華やかな機能を市街地に拡げるはずであった。この16世紀初頭の夢は、19世紀末にヴィットリオ・エマヌエーレ2世大通りが分断する以前に頓挫していた。右側のパニコ通りvia di Panico[3]は、はっきりと接続する道はないが、中心街に導いている。このトリウィウムのパターンは、後にヨーロッパの街路の放射状パターンを形成していく。

[2]

[3]

ノリの地図（1748）によるカンプス・マルティウスの一帯

　古代ローマのインフラストラクチュア（都市基盤）が破壊された後は、テヴェレ川沿い
のカンプス・マルティウスの一帯が、古代ローマには遠く及ばないが、人工密集地区に
なっており、ノリの地図［上図］を見ていると、古代ローマの東西南北の配置基準の上に、
中世の個人や集団の防御の形の輪郭が道としてクモの巣のように重なり、そこに16世紀
の［トリウィウム］のような人工的な三叉路と直線道路が重なり、1つの織物のように有
機的な都市構造が編まれている。ノリの地図に、19世紀末のヴィットリオ・エマヌエーレ
2世大通りを白抜きで重ねてみるまでもなく、ノリの時代までにも、古代ローマの遺構は
要塞化されたり、石切り場にされたりしてきたが、19世紀末以降の道路が破壊したのは、
ローマの外部空間である。極端に言うと、建築そのものを保存するよりも、外部空間さえ
守られれば、記憶として、都市は持続していく。古代ローマの秩序は、ドミティアヌス帝
の競技場のアリーナがナヴォーナ広場として、オデウム（音楽堂）の輪郭がペルッツィの
マッシモ邸として、道路パターンや広場や中庭などの外部空間に反映していく。
　古代ローマの建築家は、都市の中に建築を造っているのではなく、都市を計画してい
るのでもない。都市や建築を新たに生み出す装置のような、都市としての母なる建築を
築いているのだ。《ローマン・コンクリート》で造られ、消すこともできない古代ロー
マの跡をなぞっているかぎり、都市ローマは更新する。これが、ローマの奇跡である。

左

トリブナーリ館（中断）

石積みの基部の一部（ジュリア通り）

2019.10.26

下

ファルネーゼ館の橋（中断）

橋のアーチの1スパン（ジュリア通り）

2016.3.25

VIII. 幾つもの中心に佇んで

　ユリウス2世（在位：1503-1513）がブラマンテの計画で敷設した**ジュリア通り**は、現在のサン・ジョヴァンニ・デイ・フィオレンティーニ教会の前の広場から南東に向かってシスト橋の袂までに達する、長さ1km以上の直線道路である。北西端の起点の広場から260mばかり入った所に、そこに建つ邸館には不釣り合いな巨石積みの基部の一部があり、その一番下の石がベンチのように通りに張り出している。トラヴァーチン石の粗面で、古代ローマの遺構の一部のようだが、積み方が整い過ぎている。ブラマンテがユリウス2世の依頼で設計したトリブナーリ館（1508-1511）の未完におわった基部の一部が残っているのだ。現存する図面や資料が伝えるのは、ジュリア通りに面して96mの正面で、テヴェレ川に向かって奥行が78mもの邸館というよりも、塔を備えた巨大な城塞の構えである。サン・ピエトロ広場の整備のために、教皇庁の裁判所と執務室の幾つかを外に出すという名目であったが、その際にカンピドリオの丘にあったローマのコムーネの裁判機構や行政機構までもここに移設して、コムーネの統治機構を教皇庁の支配下に取り込む計画であった。当時の市民コムーネと教皇庁は際どいバランス関係にあり、1511年に有力ローマ市民たちと教皇の間で和解の締結がされ、裁判権と行政権をローマ市民に戻すことになり、1509年から突貫で進められていたトリブナーリ館の工事は中断した。その後、名門貴族の邸館の幾つかと、地方都市の出張所のように教会が建ち並ぶ一方で、17世紀には監獄や、19世紀には未成年者の矯正院が建ち、現代はマフィアとテロ対策警察の拠点まである。生まれはよいのだが、育ちは決してよいとは言えない通りである。19世紀末にヴィットリオ・エマヌエーレ2世大通りとルンゴテヴェレ大通りが敷設されてからは、並んで走っているジュリア通りは幹線道路としての意味も失い、静かなものである。

　現在のジュリア通りは、すべて機能が剥ぎ取られ、空白になっている。この絶対的空白が、この通りを別格にしていて、時には、気高さまで立ち現れている。

左
サッケッティ館の「ひざまずいた窓」
（ジュリア通り）
2016.3.27

下
サッケッティ館の「プットーの噴水」
（ジュリア通り）
2016.3.27

上　クリヴェッリ邸のスタッコ装飾
　　（バンキ・ヴェッキ通り）
　　2016.3.26

左　クリヴェッリ邸
　　（バンキ・ヴェッキ通り）
　　2006.10.26

　ジュリア通りに入ってすぐ右側に、中央扉口の両側に並んだ3つずつの窓が、渦巻き状の持送りが支えている台の上に載っている。その姿から「ひざまずいた窓」と呼ばれていて、ひざの重なりが際立っている。この**サッケッティ館** palazzo Sacchetti(1543) は、アントニオ・ダ・サンガッロが設計した自邸であったが、数年住んで1546年に亡くなった後は多くの手が入り、拡張を繰り返したので、自邸の規模すら特定されていないが、「ひざまずいた窓」のある地上階の正面はアントニオに帰したい。ひざの並びの左隅に、イルカにまたがる「プットーの噴水」がある。小ぶりで水も出ていないが存在感がある。

　バンキ・ヴェッキ通り via dei Banchi Vecchi に入ると、教皇庁金細工職人**クリヴェッリ邸** palazzetto Crivelli（1538）のスタッコ（漆喰）装飾で埋められている正面が興味深い。盾やトロフィー、怪人やライオンの頭、燭台や花綱と、古代ローマのネロ帝のドムス・アウレアの壁画モチーフのようである。太古のレリーフのように見せるための［ズグラッフィート技法］によるフレスコ画を、もう一度立体化して、レリーフに戻しているのだ。

ピエトロ・パオロ・デッラ・ゼッカの家（バンキ・ヴェッキ通りから）
2004.3.28

リッチ館の外壁のフレスコ画（リッチ広場）2013.3.30

　バンキ・ヴェッキ通りがペッレグリーノ通り via del Pellegrino とモンセッラート通り
via di Monserrato の二股に分かれる角の面取りのように細い正面の、教皇庁造幣局長を
務めた**ピエトロ・パオロ・デッラ・ゼッカの家** casa di Pietro Paolo della Zecca（15世紀
後半）が視線を受け止めている。特に屋階のアーチの彫りの深いテラスから側面の小さ
な柱があるロッジアへの流れは、1つの連続した層を成し、全体のプロポーションを引き
締めている。［ズグラッフィート技法］による外壁画はペルッツィが試みて以来流行と
なり、1524年から1527年にかけて、ポリドーロとマトゥリーノの10箇所余りのローマの
邸館の外壁画作品によって最盛期を迎えていたが、この家の外壁画は大半消えている。
　ポリドーロとマトゥリーノの作品が確認できるのは、モンセッラート通りを70m ばかり
入った広場の**リッチ館** palazzo Ricci（16世紀初頭）の一部の、フリーズなりの連続した
外壁画においてである。19世紀の白黒写真の中のリッチ館の外壁には、夥しい数の図
が残っていて、その姿はさながら、耳なし芳一の「魔除け」である。

次頁　ジュリア通り（ファルネーゼ館の橋のアーチ越しに）2016.11.3

ジョルダーノ・ブルーノの銅像（カンポ・デイ・フィオーリ）2016.3.30

エットーレ・ロースラー・フランツ《カッペッラーリ通り》1890 水彩

　カンポ・デイ・フィオーリ（花の広場）Campo dei Fiori へ行く。広場では朝市が開かれ、野菜や果物が生きる喜びと直結しているように並ぶ光景を前にして、ここに居ると、豊穣を感じて、安心できる。市場のテントの上には、すっくとジョルダーノ・ブルーノの銅像が立っている。1885年に「教皇のローマ」に対する「対抗的記憶の場」を設置し、自治都市ローマ・コムーネの反撃がここからはじまる。1600年、この広場で火刑に処されたブルーノの像の足下には、こう記されている。「（異端の）宣告を受けている私よりも、私に宣告を下しているあなた（カトリック教会）の方が、真理の前に恐れおののいている」と。

　露天市とブルーノの像の対照を撮るべく後ずさりして、振り返ると、そこにはフランツの水彩画の**カッペッラーリ通り** via dei Cappellari がそのままあった。通りの上層を横断しているアーチが目印で、そこを過ぎると、幅3m と狭い通りが中庭のように使われている。通りは花で飾られ、小さなテーブルが出されて、2人の老人がカードに興じている。版画店前の道端には、V字形のラックの中に、エッチングが無造作に詰め込まれている。

右

カッペッラーリ通り
（カンポ・デイ・フィオーリから）
2016.3.25

下

版画店前の道端
（カッペッラーリ通り）
2016.3.26

上 サンタ・マルゲリータのアーチの中庭
2009.3.26

右 アチェタリのアーチの中庭
2009.3.26

　カッペッラーリ通りと、それに並行して走るペッレグリーノ通りを結ぶ抜け道として
も、**サンタ・マルゲリータのアーチ** arco di S. Margherita は興味深い。アーチで切り取ら
れたヴォールト天井の窪みに導かれ、矩形の明るい空がある中庭を過ぎると、闇と光が
激しく交差する路地に出る。そこでナゾーネ（円柱状の水飲み）が水を出し続けている。
　この明暗の対照のクライマックスは角のエディコラ（1716）で、聖母子と聖フィリッ
ポ・ネーリの彫像を仰ぎ見ながらペッレグリーノ通りを右に35m程行くと、**アチェタ
リのアーチ** arco degli Acetari から中庭が見える。そこに分け入った途端、中世に居る。
12m角くらいの小さな中庭はスキエラ型住宅に囲まれ、その壁は暖かく発色し、そこに
絡みつく植物の生育具合は自然で、典型的な外階段を備え、おまけに小さな荷車まであ
る。中世の完璧な外部空間は、ローマ市でただ1箇所、ここに残っている。50m 先には
カンポ・デイ・フィオーリの喧騒があることも、ここがプライベートな領域であることも
忘れて、しばし、中庭の中心に、ひっそりと佇む。

次頁　サンタ・マルゲリータのアーチのナゾーネ 2019.3.27

グロッタ・ピンタ通りの湾曲した建物
（ポンペイウス劇場の階段席の曲線と重なる）
2004.3.25

[1]

[2]

[3]

　カンポ・デイ・フィオーリの東端の小さなビショー
ネ広場 piazza del Biscione にある**ダ・パンクラツィオ**
Ristorante Da Pancrazio と呼ばれているレストラン
の地下に下りていくと、ピラミッド形の石の底面を
網目積みにした型枠の壁と筒形ヴォールト天井の
《ローマン・コンクリート》の遺構が露出したまま
の部屋に、テーブルと椅子が並んでいる[1]。ここ
はポンペイウス劇場（前55）の舞台裏の小道具や衣
装の保管室であった。

　ビショーネ広場から、地元の人でも二の足を踏む
程暗い、**グロッタ・ピンタのトンネルの入口**[2]
を抜けると、グロッタ・ピンタ通り via di Grotta Pinta
の右に湾曲した建物の壁が続いている。この曲線は
ポンペイウス劇場の半円形の階段席（カウェア）
の内側の曲線をトレースしている[前頁]。古代ロー
マの遺構のほとんどがそうであったように、この遺
構も採石場となり、地表面は消えたが、地下には構
造体が残っていて、外壁の形に影響を与えている。

　直径約150m の観客席の外周はジュッボナーリ通
り via dei Giubbonari の僅かな曲線に反響している。
この通りに遠近法的に奥にすぼまっていく**リブラ
リ広場**が、楔を打ち込まれたように開けている[3]。
この広場の平面は、劇場の観客席の段を支えている
上昇式筒形ヴォールトが半円形の中心に向かってす
ぼまっていく線と一致していて、連続して並んでい
たヴォールトの1本が欠落してできたような空隙（くうげき）が
そのまま広場になっている。奥の細くて小さなサン
タ・バルバラ教会の正面が、発光しはじめた。

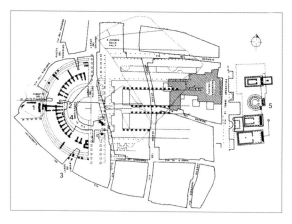

1. レストラン「ダ・パンクラツィオ」
2. グロッタ・ピンタのトンネルの入口
3. リブラリ広場
4. グロッタ・ピンタ通り
5. アルジェンティーナの聖域

ポンペイウス劇場と回廊、アルジェンティーナの聖域の一帯（GAL より）

　教会の鐘の音を頼りに中心に向かい、内部のような広場があればその中心に立って、理性で空間を捉えるだけでなく、感覚を総動員させて、ある作用力を感じてほしい。そして、その作用力を方向と大きさを持っている矢印の形でイメージしておくとよい。総延長26.8kmの道程には、大小様々の力の矢印が現れていた。広場や中庭の中心だけでなく、ヴィーコロ（小路）の膨らみに、エディコラの天蓋に、白い角の柱に、水飲み用の小さな噴水に、そして、回廊や水道アーチや塔に、窪地や丘などの地形にも力の矢印が立っていた。古代ローマでは、建築においても、都市においても、個体から群体へ、そして更にそれを複合体へと統合していくことを、大小様々の力の矢印の総和を均衡させることで実現させている。私たちの「空間」という枠組みから見ると、自然界の根本原理を実体の作用力の関係項の総体と捉えている古代ローマの基盤はかけ離れている。それでも、この作用力を感じなければ、ローマは無秩序にしか見えない。幸いにして、現在のローマは常に自身の作用力の関係の上に成長しているので、古代ローマの作用力を保持している。

　ローマを歩くことは、この作用力を感じるために、幾つもの中心に佇むことである。それなのに、折りたたみ椅子がない。2011年10月27日、**アルジェンティーナの聖域**の南東隅から、4基の神殿のうち2基を、立って、4m下を見下ろし、素早く描く［次頁］。カンプス・マルティウスの東西南北の配置の秩序は、すべて、この東西軸の神殿からはじまっている。

アルジェンティーナの聖域
2011.10.27 色鉛筆、グラファイト 181×281mm

クアットロ・フォンターネの辻で、おわりに

　ローマを巡る最終日は日曜と決め、サン・カルリーノ教会（小さなサン・カルロ）とも呼ばれている、**サン・カルロ・アッレ・クアットロ・フォンターネ教会** San Carlo alle Quattro Fontane（1634-1641）詣でを、1つの儀式のように繰り返している。この小さな教会の中に、内面の都市ローマのすべてがあると想えるからかもしれない。冷静に、一旦、ピエトロ・ダ・コルトーナのパーチェ広場における［スクロール］のように、ボッロミーニのサン・カルリーノ教会における［ペンデンティブ］という古典主義建築の要素に注目してみよう。［ペンデンティブ］とは、ラテン十字の身廊と翼廊の交差部や四角形の平面に円形ドームを架ける場合、矩形から円形に変換するために、入隅や出隅からドームの底面の円弧を目がけて対角線上に延びている三角形のような要素である。三角形の下から延びる2辺は隣接するアーチの曲率で、上辺はドームの底面の円弧で規定されているので、凹形の3次曲面となっている。15、16世紀の古典主義建築の1つの基準である純粋幾何学をベースにした円と正方形の組み立てを可能にしていたのは、［ペンデンティブ］という不純な三角形に、歪みのすべてを担わせていたからである。サン・カルリーノ教会の場合はコーナーに2本ずつ基柱があり、そこからペンデンティブがはじまっているので、三角形というよりも台形の3次曲面である。天井のドームを見上げると、壁から連続しているのに、そこだけが切り離されたように、白い楕円が浮かんでいる。そう見えるのは、アーチとペンデンティブのある中間層があるからだ。ボッロミーニは古典主義の伝統的図式を丁寧に積み上げることによって、困難な全体性を獲得している。ベルニーニの小さな教会の楕円ドームの下には楕円形の平面があり、古典主義的要素を省略して、そのまま載せている。このような一足飛びができるのは、ベルニーニがアーティストだからである。ボッロミーニは古典主義の縛りの中で、通常の凡庸な状態から、次の段階に移行し、未知なるものへ離脱することを求めている、建築家なのである。

前頁　サン・カルロ・アッレ・クアットロ・フォンターネ教会の内部　2018.3.24
　　　（以下、イタリア語の縮小辞で「サン・カルリーノ教会」）

上 ［ペンデンティブ］と楕円形ドーム
（サン・カルリーノ教会）
2002 春

右 ［ペンデンティブ］のような［プットー］
（サン・カルリーノ教会の聖器室）
1985 春

　サン・カルリーノ教会の、祭壇のある奥のアーチ右横の2本の基柱の抜けに導かれて、通路の前の聖器室（旧食堂）の矩形の部屋の隅部の上方で、凹曲線状にカーブした蛇腹にすり合わせるように羽を広げた［**プットー**］（羽の生えたぷくぷくの幼児）が、窮屈そうに挟まっている前に佇む。この［プットー］は、［ペンデンティブ］の化身である。ボッロミーニと同時代のバロックの芸術家たちは、壁や空間に余白さえあれば、このプットーで埋め尽くしていて、ベルニーニの教会のプットーは建築の部位の境界を越えて溢れ出している。それらは流れるように動的で、いつも必ず、かわいらしい。ボッロミーニのプットーは、壁の入隅だけでなく、天井の梁と柱のコーナーのように建築の構造が集中している箇所に、まるで建築の一部のように居る。スタッコ（漆喰）のぼそぼそしたプットーは、その造形力と位置づけられている箇所の組み合わせで、これに優る［プットー］はない。キリスト教の世界では、［プットー］は1つのエネルギーのような存在で、建築の要素に化けていても不思議ではない。サン・カルリーノ教会には、そこかしこに［プットー］が居る。

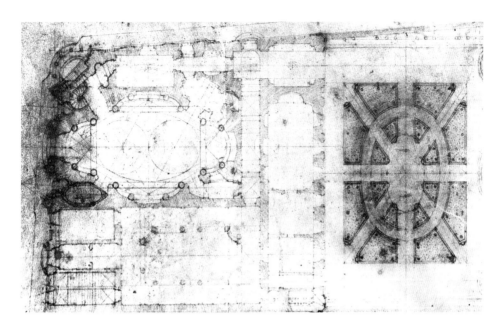

ボッロミーニによるサン・カルリーノ教会全体計画の平面図（アルベルティーナ紙葉173）

　サン・カルリーノ教会の、ボッロミーニによる平面図の淡くて細い作図線は多くのことを伝えている。この図面までの段階は、隅部が落とされた矩形平面からはじまり、そこに内接する楕円、そして、そこにギリシア十字の図式を重ねたような凹形のベイを加えている。楕円は2つの円からなり、60度の分割の6つずつの正三角形の線の延長の一方が、矩形の隅部の抜けの方向を示し、もう一方の延長は、2つの円を結び楕円にするための円弧の中心と凹形のベイの限界点を示している。楕円の長軸にギリシア十字の膨らみを重ねたことから《十文字交差軸性》が形成されているが、更に、2つ円の正三角による60度のX字の軸性が重ねられて、その力のベクトルの合成が0になるような、困難な全体性を獲得している。静かだ。バロックの意味として「歪んだ真珠」の「歪んだ」側面ばかりが強調されがちだが、ボッロミーニの場合は「真珠のような」からの三段論法で、「宝石のように加工されたもの」から「忍耐強い三角形の組み立て作業」に移行させると分かりやすい。サン・カルリーノ教会は、多中心の、静かな、宝石細工なのだから。

クアットロ・フォンターネの辻に出て、ボッロミーニが晩年手を加えていたファサードの前に立ち、そのうねるような外壁の作用力を、感覚を総動員して感じてみる。外壁の下層は凹凸凹に、上層は凹凹凹で波打っている。この波形は、内部の空間が膨らむ作用力と、外部のクィリナーレ通りからの作用力の、相互の合成からなっており、周辺に抑揚をつけている。一方、頂部の大きな楕円形のメダイヨンは倒れかかるようにして、下方に作用力を放っている。バロック建築の作用力で顕著なのは、水平方向の2軸とその交差部に働いている上方向の作用力であるが、ここの下向きの作用力は、4つの泉のある辻への反応であろう。頂部はボッロミーニの死後、甥のベルナルドが引き継いだが、メダイヨンを捧げ持っている天使は出来過ぎで、ボッロミーニなら、挟まれた［プットー］だけだろう。

　もう一度中に入り、辺りを見回してから、白い楕円のドームを見上げると、目を閉じて、自然とうなだれてしまう。気を取り直して、仰ぎ見ると、またしばらく目を閉じて、うなだれてしまう。感極まっているのではない。コンプレックス、それとも違う。ローマには生涯、劣等感を持ち続けようと決めたのだから。神、それはない。存在を疑っている。疑っている限りは、疑いを生じさせる、何かが、あるかもしれない。一方で、ボッロミーニの［プットー］は居ると信じている。それでも、宗教的な存在ではないだろう。何か分からず、上を見上げては、目を閉じて、うなだれる。祈りにも似た動作を繰り返していると、仕舞には、口を衝いて、ローマにまた来られますように、と。

　今、「本」になろうとしているのに、もう少し手元に置いて、写真を選び直し、文章を練って、できるはずもないのに、ローマでスケッチしたいという想いが、いつの頃からか、気づかれていたようだ。そんな素振りも見せずに、武蔵野美術大学出版局の奥山直人氏は、打ち合わせの都度、「本」を実体としてイメージできるものを届けてくれ、その真摯な助言で考えさせられ、「本」が成長していくのが実感できた。木村公子編集長は、「本」が決めた制約やもろもろの抑圧の盾になってくださり、私を「永遠の夏休みのような、無時間的な時間」の中に置いてくださった。感謝に耐えない、心から。

　なお、本書は武蔵野美術大学の出版助成制度を活用して出版されている。重ねて関係各位にお礼申し上げたい。

2022年3月　板屋 緑

板屋 緑（いたや・りょく）

1951年	福岡県生まれ
1976年	早稲田大学大学院理工学研究科修士課程修了
1976-1985年	鈴木恂建築研究所勤務
1985年	R.D.アーキテクツ設立
	建築作品：「フラグメント・ビルディング」
	第2回アンドレア・パッラーディオ国際建築
	賞最優秀賞・イタリア（1989年）、「遠ざか
	る家」第14回吉岡賞（1998年）、「壺中の家」
	（1999年）。
1999-2022年	武蔵野美術大学教授

著書：『古代ローマの建築家たち―場としての建築へ―』
　　　（丸善、2001年）
　　　『映像表現のプロセス』
　　　（武蔵野美術大学出版局、2010年、監修・共著）

写真、スケッチ：板屋 緑

本文デザイン：板屋 緑
表紙・ジャケットデザイン：馬面俊之

───────────────

ローマに　幾つもの中心に佇んで

2022年3月31日　初版第1刷発行

著　者	板屋 緑
発行者	白賀洋平
発行所	武蔵野美術大学出版局
	〒180-8566　東京都武蔵野市吉祥寺東町3-3-7
	電話　0422-23-0810（営業）
	0422-22-8580（編集）

印刷・製本　図書印刷株式会社

定価は表紙カバーに表記しています
乱丁・落丁本はお取り替えいたします
無断で本書の一部または全部を複写複製することは
著作権法上の例外を除き禁じられています